CE QUE LE FOOTBALL EST DEVENU.
TROIS DÉCENNIES
DE RÉVOLUTION LIBÉRALE

BIOGRAPHIE

JÉRÔME LATTA est cofondateur et rédacteur en chef des *Cahiers du football*, un site Internet lancé en décembre 1997 qui deviendra aussi un mensuel et une revue. Journaliste indépendant collaborant notamment au *Monde*, il a suivi de près les évolutions du football contemporain.

REMERCIEMENTS

Aux chercheurs en sciences sociales et économiques dont les travaux ont nourri cet ouvrage, particulièrement ceux avec qui j'ai eu la chance d'échanger régulièrement : Richard Bouigue, Bastien Drut, Carole Gomez, Guillaume Gouze, Nicolas Hourcade, Christophe Lepetit, Ludovic Lestrelin, Loïc Ravenel, ainsi que le regretté Frédéric Bolotny. Sans oublier Pierre Barthélemy et Ronan Évain, grands défenseurs des supporters.

Aux responsables successifs du service Sports du *Monde*, qui m'ont offert une précieuse tribune avec le blog « Une Balle dans le pied » et en publiant mes chroniques.

Aux lecteurs des *Cahiers du football*, soutiens exigeants, et à tous les compagnons de route qui ont contribué au site, au mensuel et à la revue.

Aux camarades Rémi Belot, Sébastien Bergerat, Gilles Juan et Antoine Zéo. À Pierre Douet pour ses conseils, Jacques Blociszewski pour son amitié et Johan Badour pour sa confiance.

À mon père qui m'a transmis cette « passion absurde et dévorante », selon l'expression de l'écrivain Olivier Guez ; à ma mère, ma compagne et mes filles qui l'ont supportée.

UNE CAUSE DÉRISOIRE ?

Bien des livres qui traitent de football sous un autre angle que purement sportif sont introduits par un éloge qui prend les allures d'un plaidoyer. Comme s'il fallait toujours se justifier de l'aimer, et à plus forte raison d'en faire une cause à défendre. Et chacun de citer Pier Paolo Pasolini, Eduardo Galeano ou Albert Camus[1] en guise de cautions intellectuelles. Pour abréger cette plaidoirie, on se contentera d'un des aphorismes les plus rebattus : « Le football n'est pas une question de vie ou de mort, c'est quelque chose de beaucoup plus important que cela. » L'entraîneur de Liverpool Bill Shankly a ainsi formulé[2], avec autant d'esprit de sérieux que d'esprit de dérision, ce par quoi nous tenons à ce sport que l'ethnologue Christian Bromberger a pour sa part qualifié de « bagatelle la plus sérieuse du monde ».

Il ne faut pas croire que nous autres passionnés de football sommes plus dupes de notre dérisoire passion que d'autres de passions socialement plus acceptables, plus savantes, plus nobles. Chacun trouve sa transcendance où il peut, et prendre le football au sérieux, en tirer des émotions puissantes est une manifestation d'humanité. Rien ne sert de nous opposer, blasphème ultime, que « ce n'est que du football ». On doit justement prendre le football pour ce qu'il est : une culture populaire à la fois enracinée et internationalisée, un bien commun que définit un vaste patrimoine, qui produit des mythologies, une histoire propre, du lien social, des récits personnels ou partagés, des émotions, des discussions. Un sport dévoyé à son sommet, certes, mais une culture entière, digne de considération. Quiconque n'y voyant que plaisirs frustes et aliénation est voué à se fourvoyer s'il lui prend d'en parler.

Aux yeux de l'auteur et de ses semblables, le football mérite donc d'être défendu, ses « dérives » exposées, dénoncées et combattues. Pas au nom de la nostalgie, mauvaise conseillère car nous sommes tous condamnés à regretter le football tel que nous en sommes tombés amoureux, au risque de tomber dans le piège du « C'était mieux avant ». Mais savoir ce que le football était avant, avant la révolution libérale, permet de mesurer le chemin parcouru, de se rappeler qu'un autre football a existé – pas toujours meilleur. Et aussi, en refaisant ce chemin, qu'un autre football aurait été possible si d'autres tournants avaient été pris. Voire, en se payant encore d'optimisme, qu'un autre football reste possible. Il reste qu'en adoptant cette devise altermondialiste, aux Cahiers du football, nous n'avons enregistré que défaites sur défaites durant vingt-cinq ans, aux premières loges pour assister à la financiarisation effrénée du football professionnel, et à ses conséquences.

Il n'est pas besoin d'aimer le football pour trouver un intérêt à l'observation de ce phénomène : on tient là un cas d'école de portée générale. À la faveur de sa transformation en industrie culturelle mondialisée, dans le courant des années 1990, le football européen a en effet constitué pour la doctrine néolibérale un formidable champ d'application et de promotion, en particulier au travers de sa capacité à organiser et légitimer les inégalités. L'accumulation de mécanismes de ruissellement vers le haut – au travers des formats de compétition, des systèmes de redistribution et d'une dérégulation globale – a artificiellement concentré des ressources en très forte croissance au profit de quelques « grands clubs » autoproclamés. L'incertitude sportive a été efficacement réduite en faveur d'un cercle « vertueux » compromettant l'équité des compétitions, transformant la nature même du jeu, donnant naissance à une caste de superclubs prêts à faire sécession avec leurs superjoueurs dans une ligue privée et fermée.

La question posée ici sera donc : qu'est-il arrivé au football au cours des trente dernières années ? On s'imagine le savoir, parce qu'on a vu le jeu changer, mais on a à peine accordé de l'attention et de l'importance à des bouleversements plus significatifs. Dans une économie du football pleine de paradoxes, cette évolution a pourtant été linéaire, et elle est parfaitement attestée. La révolution libérale du football a été tacitement organisée par des acteurs institutionnels, économiques et médiatiques qui ont veillé à ce qu'elle ne fasse jamais débat. Quand on a enfin remarqué ses prévisibles dérives, ce n'était plus que le moment de la considérer rétrospectivement comme fatale. Cette révolution a été d'autant plus puissante qu'elle a à peine été analysée, débattue ou critiquée. Elle a été constatée, mais pas nommée.

Ses conséquences délétères n'ont pourtant pas manqué : marchandisation à outrance, creusement des inégalités économiques, gentrification des tribunes, accès de plus en plus coûteux aux diffusions télévisuelles, gigantisme des compétitions, perte d'identité des clubs, réduction de l'aléa sportif, transformation des joueurs en actifs spéculatifs, opacité des flux financiers, corruption, instrumentalisation géopolitique par des États autocratiques, utilisation des supporters comme cobayes des restrictions de libertés, des technologies de surveillance, et de la brutalisation du maintien de l'ordre…

On documentera donc cette révolution au travers de ses principales causes et manifestations : la croissance phénoménale des droits de télévision, la création de la Premier League anglaise et celle de la Ligue des champions, en 1992 et ses évolutions ultérieures, la dérégulation du marché des footballeurs après l'arrêt Bosman en 1995, la transformation des clubs professionnels en « entreprises comme les autres » et en marques mondiales, la financiarisation de leur capital. On verra ensuite comment des dispositifs de répartition inégalitaire des revenus collectifs ont été méthodiquement superposés afin d'accroître les inégalités économiques – sans aucune justification sportive –, de concentrer les moyens économiques et les tout meilleurs joueurs au sein d'une petite oligarchie de clubs. En réduisant l'incertitude sportive, en corrélant toujours plus étroitement les résultats à la puissance financière.

Tout cela n'aurait pas été possible sans la démission des pouvoirs sportifs et publics face à la nécessité de rétablir des régulations, sans la passivité voire la complicité des médias spécialisés, sans la (fausse) dépolitisation du sport et le dédain de la gauche pour ce terrain d'observation et de lutte. L'expansion phénoménale de l'industrie du football a semblé balayer toute opposition critique, toute résistance.

Le 19 avril 2021, l'annonce de la sécession d'une quinzaine de clubs riches et de la création d'une « Super Ligue » fermée et privée aurait dû marquer l'aboutissement de ce processus. Pourtant, un large mouvement s'y est opposé et a infligé un désaveu cinglant aux instigateurs du projet. Cette résistance inattendue a montré à quel point l'extrême libéralisation du football est contraire aux principes fondamentaux du sport européen, et heurte une partie essentielle des publics. Cette victoire, relative et provisoire, montre l'étendue des dommages et l'ampleur des chantiers à mener. Aujourd'hui, un débat se consolide enfin autour de la nécessité de réformer et réguler le football professionnel européen, mobilisant chercheurs et institutions, rendant plus nécessaire encore un inventaire de « ce que le football est devenu ».

* * *

Bien qu'il traite du football mondialisé, cet ouvrage est centré sur le football professionnel européen, épicentre des révolutions économiques dont il est question et principal pôle d'attraction de ce sport, ultra-dominant sur le plan financier comme sur le plan sportif. Une attention particulière a été portée au football français. On a laissé de côté le football professionnel féminin, qui se trouve à un tout autre stade de son développement.

1.
UNE MÉTAMORPHOSE ÉCONOMIQUE

En une trentaine d'années, l'économie du football a connu à la fois une croissance spectaculaire et, sous l'impulsion de cette croissance, des bouleversements majeurs qui l'ont profondément remodelée. Ils ont aussi remodelé le football en tant que sport, ses compétitions, ses hiérarchies, les manières d'y jouer, de le regarder, de l'arbitrer. Tout n'a pas changé seulement à partir des années 1990, toutefois. Si cette décennie est ponctuée de basculements majeurs, ceux-ci ont accéléré des évolutions antérieures, parfois inscrites dans les origines du football, souvent entamées au cours des décennies précédentes.

Il y a toujours eu de l'argent dans le football professionnel, c'est un truisme, et il a toujours posé problème. Dès sa sortie des universités britanniques huppées, et plus tard avec son entrée dans le professionnalisme, il a nourri des condamnations morales contre sa transgression de sa vocation hygiéniste et d'édification des populations. Les salaires des footballeurs ont ainsi été jugés « indécents » bien avant qu'ils le deviennent plus objectivement, et l'on continue d'attacher à l'argent du sport une forme d'illégitimité. Son histoire se confond en effet avec celle de la marchandisation du spectacle qu'il propose. Sa croissance économique, quasi continue au cours du XXe siècle, a épousé le développement des infrastructures et des médias de masse. Après la Seconde Guerre mondiale, les stades s'agrandissent et les foules les remplissent. Dans les années 1950, il s'empare de la première place des sports populaires en France, en Allemagne et en Italie. En Angleterre, les records d'affluence datent encore de cette décennie. La Coupe du monde prend à chaque édition plus d'importance.

Le football croît sans révolutionner son économie, mais il s'inscrit parmi les nouvelles cultures populaires de masse, soutenu par les médias, les pouvoirs publics et ses propres acteurs économiques. L'expansion du marketing et du sponsoring, à partir des années 1970, amorcée par la médiatisation croissante du sport, annonce la formation d'un nouveau marché, celui des droits de diffusion. Or ce marché va constituer non pas un simple relais de croissance, mais un démultiplicateur de croissance, qui va provoquer à la fois un changement d'échelle et un changement de modèle. S'il y a toujours eu de l'argent dans le football, s'il y a toujours eu des clubs riches, rien ne sera plus tout à fait comme avant.

LE CARBURANT DES DROITS DE DIFFUSION

« *Seules trois choses amènent des abonnés aux réseaux de télévision payante. Le cinéma, le foot et le porno.* »

Robert Louis-Dreyfus,
propriétaire d'Adidas et de l'OM[3].

L'économie prélibérale du football reposait essentiellement sur un seul type de ressource : les recettes de billetterie issues de l'affluence physique dans les stades. Les clubs plus riches que les autres l'étaient parce qu'ils attiraient plus de public dans des stades plus grands, en lien, évidemment, avec leur histoire propre (leur antériorité, leur insertion dans un territoire) et leurs performances sportives. Ceux qui se sont développés et ont obtenu des résultats lors de la période de croissance d'après-guerre ont notamment pu consolider leur statut de places fortes, accumuler un capital symbolique. Durant presque toute la seconde moitié du XXe siècle, le modèle économique change peu, et les clubs ne disposent pas de beaucoup d'autres leviers de développement[4].

Malgré la précocité des diffusions télévisées de matches de football (de manière expérimentale au milieu des années 1930, puis régulière au début des années 1950), qui avaient démontré le caractère puissamment télégénique du football, les clubs et instances expriment très longtemps une grande défiance envers celles-ci. Les retransmissions allaient immanquablement vider les stades, pour des recettes dérisoires qui ne compenseraient pas celles glanées aux guichets. Cependant, dès les années 1960, la diffusion des grandes compétitions comme les Jeux olympiques, la Coupe du monde de football ou le Tour de France participent directement à l'exposition du sport et à sa croissance en tant que divertissement de masse et particulièrement adapté aux écrans de télévision. En France, les épopées européennes de l'AS Saint-Étienne, de 1974 à 1978, établissent cette puissance d'attraction, confirmée par l'âge d'or de l'équipe de France entre 1982 et 1986. Les télévisions prennent progressivement conscience que le football constitue un excellent produit d'appel. Pour convaincre les clubs qu'elles constituent pour eux un levier de développement, il ne reste plus qu'à rendre plus substantiels les droits télé.

Ce qui allait devenir en très peu de temps le modèle économique du football professionnel européen résulte de l'apparition d'un nouveau modèle économique pour les télévisions elles-mêmes, du moins les chaînes privées à péage, en quête de contenus exclusifs susceptibles de drainer des abonnements. Sky au Royaume-Uni, Kirch en Allemagne, Mediaset en Italie ou Canal+ en France sont autant de nouveaux acteurs prêts à acquérir des droits pour les monétiser sur ce nouveau marché. Canal+ doit son succès, peu attendu au moment de son lancement en 1984, autant au football qu'au cinéma, avec le bouleversement qu'a constitué la diffusion de rencontres du championnat de France. Même si le coût au match était alors dérisoire en regard des tarifs actuels, l'opération prit un sens économique pour les clubs professionnels, qui eurent moins à se soucier de l'effet sur les affluences – effet minime, en réalité : l'époque se prêtait bien plus à la recherche d'exposition médiatique.

Le football professionnel européen, du moins sur ses plus grands marchés de consommateurs, a ainsi vu les montants des droits de diffusion débuter une phase de croissance spectaculaire et quasiment ininterrompue. Avec le recul, ce décollage apparaît foudroyant. Les droits nationaux de la Ligue 1, qui coûtaient moins d'un million d'euros par saison au milieu des années 1980, sont passés de 106 millions d'euros annuels en 1999 à 726,5 en 2016. Entre 1995 et 2019, les revenus des clubs professionnels européens ont été multipliés par 8,2, de 2,8 à 23 milliards d'euros, après 23 années consécutives de hausse. Les droits des Coupes du monde et de l'Euro ont suivi la même progression, enrichissant cette fois les confédérations (FIFA[5] et UEFA[6]) et les fédérations après redistribution.

Cette croissance a varié selon les compétitions et les nations, mais c'est elle qui a constitué le principal moteur de celle du secteur tout entier. Elle a aussi été alimentée par le développement des droits internationaux, en particulier sur les nouveaux marchés asiatiques et nord-américains, ouverts grâce à l'internationalisation des retransmissions, d'abord pour les compétitions les plus prestigieuses – Premier League et Ligue des champions en tête. Car évidemment, elle a accompagné l'attention planétaire elle aussi croissante accordée au football d'élite. Si l'extension de la médiatisation, en assurant la visibilité des marques, a favorisé la croissance du marketing et du sponsoring, les droits de diffusion constituent partout, et de loin, la principale part des revenus des clubs du continent (près de la moitié en moyenne, en 2017, selon l'UEFA). Cette inflation des droits a eu pour conséquence majeure celle des investissements dans les transferts et les salaires des joueurs, grands bénéficiaires – avec leurs agents – de la prospérité générale (voir « Les (grands) joueurs, grands gagnants », p. 79). L'économie très atypique du football n'étant pas initialement tournée vers la recherche de profit, mais de performances, les ressources sont pour l'essentiel consacrées à l'acquisition de talents.

Entre 1996 et 2015, les dépenses des clubs européens dans les salaires ont été multipliées par 7, de 1,5 milliard d'euros à 10,6. Les dépenses en transferts des clubs de Premier League, pour la seule fenêtre estivale, ont connu un multiplicateur de 6,7 entre 2003 et 2017[7]. Le nombre de transferts supérieurs à 30 millions d'euros, rarement au-dessus de 5 jusqu'en 2011-2012, a dépassé la barre des 30 à partir de 2016-2017[8]. En 1992, alors que John Barnes (Liverpool) faisait les gros titres comme premier joueur dont le salaire hebdomadaire atteignait cinq chiffres, Manchester United dépensait 8 millions de livres par an dans les salaires ; en 2022, le club y consacre plus de 320 millions, dont 23,8 pour le seul Cristiano Ronaldo. Pour l'exercice financier 2021, l'UEFA indique que 91 % des revenus des clubs européens ont été consacrés aux salaires des joueurs (56 %), au coût des transferts net (18 %) et aux salaires des autres personnels (17 %)[9].

Dès le début de cette période, de nombreux observateurs ont diagnostiqué une « bulle financière » des droits de télévision et prédit son explosion imminente. Dans les faits, en dépit de ralentissements dans certains pays lors des crises financières de 2001, 2008 et 2013, la hausse a été constante, jusqu'à un plateau généralement constaté après l'épidémie de Covid-19. Presque partout, la concurrence entre diffuseurs locaux a contribué à la poursuite de l'inflation, parfois sur le fil : en France, la Ligue de football professionnel (LFP)[10] a ainsi vu avec bonheur émerger des concurrents successifs (TPS, Orange, BeIN Sports) à l'opérateur dominant Canal+. Seule la catastrophe industrielle du groupe Mediapro, acquéreur de l'essentiel des droits de la Ligue 1 pour la période 2019-2023, qui avait porté l'enveloppe globale à un montant record de 1,125 milliard d'euros, a provoqué un coup d'arrêt et le retour à un montant sensiblement inférieur à celui de la période précédente[11].

Outre cette « bulle » restée virtuelle, les analystes ont souvent alerté sur la « télé-dépendance » de l'économie des clubs, notamment en France où l'impératif de diversifier les revenus a été moins observé qu'ailleurs. Cette dépendance est structurelle, et elle menace moins l'équilibre économique global du secteur que des facteurs qui lui sont extérieurs, comme les crises systémiques mondiales. Pour l'heure, malgré sa fragilité et ses déséquilibres, révélés par la crise épidémique, les perspectives de l'économie du football européen restent positives : ni la solidité des diffuseurs ni l'attractivité du football pour ceux-ci ne montrent de signes de faiblesse structurelle. L'émergence de nouveaux acteurs, pure players Internet et géants du numérique, l'apparition de nouvelles offres compensent la relative désaffection des opérateurs de télévision traditionnels.

* * *

Si le football professionnel a toujours constitué, par définition, une activité économique, la croissance qu'a insufflée celle des droits de diffusion l'a fait changer de dimension. La taille de cette activité reste très relative en regard d'autres secteurs, mais à sa propre échelle, le développement a été phénoménal. Accessoirement, son extrême médiatisation oblige à considérer son importance au-delà de son poids économique en valeur absolue.

Cette économie désormais assise sur les droits TV plutôt que sur les recettes de billetterie a mécaniquement créé d'importants écarts de revenus entre les championnats, selon la taille de leur bassin de population (c'est-à-dire de leurs audiences) et l'état de la concurrence entre diffuseurs, écarts qui sont allés en s'accroissant. Ces facteurs ont favorisé les footballs professionnels des pays alliant un niveau de vie élevé et une forte démographie, et pénalisé ceux ne disposant pas de l'un (les ex-« pays de l'Est » par exemple) ou de l'autre (de grands « pays de football » comme les Pays-Bas, le Portugal, la Belgique ou l'Écosse). Avec deux conséquences majeures : d'une part, le critère démographique, très discriminant, n'a plus été établi par la taille de la métropole mais par celle du pays ; d'autre part, ces distorsions puissantes ne relèvent plus du tout de la performance sportive.

LE FOOTBALL, PRODUIT TÉLÉVISUEL

« *Le football n'est pas télégénique.* »

Antoine Chiarisoli, président de la Ligue nationale de football, en 1965[12].

La dépendance économique envers les droits de diffusion en masque une autre, plus profonde. En devenant le principal financeur du football, les diffuseurs ont imposé leur manière de représenter le jeu, mais aussi leur pouvoir et leurs propres intérêts. En s'arrimant au marché des télévisions payantes, les institutions organisatrices, ligues professionnelles, fédérations nationales et confédérations internationales, se sont spontanément inféodées à leurs demandes, et ont acté de faire de leurs compétitions un objet télévisuel et le véhicule de leur propre croissance. Elles ne saisirent pas, ou ne voulurent pas saisir la portée de ce changement de paradigme, de cette conversion du football de haut niveau en produit télévisuel, ni en embrasser toutes les conséquences à terme. Le spectacle du football serait désormais organisé et mis en scène pour et par les télévisions.

Les organisateurs vendent moins le spectacle lui-même (à la frange désormais minoritaire des spectateurs dans le stade) que des droits sur le spectacle. Au fil de son développement et de sa segmentation, le marché a incité à fragmenter les calendriers au gré des créneaux de diffusion. Finie, par exemple, la messe du samedi en Angleterre ou du dimanche en Italie, avec le peuple du football le même jour à la même heure dans dix stades différents, place aux journées de championnat dispersées sur trois ou quatre jours. Les appels d'offres ne sont plus pensés pour le public, mais pour les télévisions avec le seul objectif de maximiser les offres, notamment en jouant sur la concurrence entre opérateurs par un habile saucissonnage des lots.

Horaires adaptés, multiplication et aménagement des compétitions, vente à la tranche, dispersion auprès de plusieurs chaînes : tous les procédés ont été bons pour augmenter les ressources télévisuelles. Dans un premier temps, l'accès payant à une partie des compétitions a été compensé par une plus grande disponibilité de celles-ci – non sans amorcer une évolution du profil socio-économique de ses consommateurs. Avant Canal+, les téléspectateurs français ne pouvaient voir que quelques matches de coupe d'Europe et de Coupe de France chaque année, et de Coupe du monde tous les quatre ans. Entre les années 1970 et les années 1990, le football est passé d'une économie de la rareté à une économie de la profusion et à un régime de saturation de l'espace médiatique, souvent au détriment des autres sports. Son récit, essentiellement assuré par la presse écrite et la radio, est dorénavant délivré en direct et en continu puisqu'il n'y a plus de jour sans programmation de football. Plus tard, avec les réseaux sociaux, le commentaire lui-même est devenu instantané.

La rentabilité de ce modèle a longtemps occulté son principal travers : un coût de plus en plus élevé pour regarder du football, transformé en spectacle payant, coût renchéri par la multiplication des opérateurs. L'hyperdisponibilité du football est largement illusoire, tant elle va de pair avec une élimination des publics, à commencer par les plus populaires. Disponible partout, mais obligeant à multiplier les abonnements, le football est de moins en moins accessible. Même les compétitions de sélection, Coupe du monde ou Euro, longtemps préservées, sont de moins en moins diffusées sur les chaînes gratuites. Celles-ci, qui ne peuvent plus rationnellement s'aligner sur les sommes engagées par les diffuseurs à péage, continuent d'acquérir des droits pour des raisons d'image, mais réduisent le nombre de matches et d'équipes diffusées[13].

La transformation progressive du football en produit télévisuel a aussi eu pour conséquence un hiatus croissant entre le public des stades et le public par écran interposé. Les clubs ont eu tendance à se « délocaliser », à distendre les liens organiques avec leur territoire en s'adressant – à proportion de leurs poids économiques respectifs – à leur public international plutôt qu'à leur public local. L'opposition entre les fans-consommateurs et les supporters s'est accentuée au détriment des seconds, soumis à un sentiment de dépossession déjà nourri par l'inflation du coût d'accès au spectacle, dans les tribunes comme sur les écrans.

La télévision a aussi imposé sa propre mise en scène du match de football, avec un déploiement croissant de moyens techniques. La réalisation télévisuelle s'est longtemps fondée sur la caméra principale, placée en hauteur dans l'axe de la ligne médiane, qui balaie en plan large le champ de jeu, quatre ou cinq autres caméras fournissant des plans de complément. Lors de la Coupe du monde 1998, la configuration de base comportait 17 caméras pour chaque match ; 23 lors de l'édition 2002 ; 25 en 2006, 37 en 2018. Le dispositif s'est en parallèle enrichi d'une panoplie d'innovations techniques : ralentis, spidercams (caméras aériennes sur câbles), steadycams (caméras portées), « loupes » (ralentis à très haute fréquence), travellings, stockage numérique des images, haute définition, son stéréo puis surround, etc. Jacques Blociszewski, auteur de plusieurs ouvrages sur le sujet[14], a documenté l'emprise de la télévision et les évolutions de la réalisation sportive, notamment l'intensification du montage au travers de la multiplication des plans : ralentis, plans de coupe moyens ou rapprochés sur les joueurs portant le ballon et sur d'autres acteurs hors du terrain (entraîneurs, remplaçants, supporters, personnalités et spectateurs en tribune, etc.). Même si toute représentation filmique d'un événement est une réinvention de celui-ci, une fiction, cette grammaire audiovisuelle enrichie – qui implique une extrême fragmentation, une individualisation de la performance et une quête de l'émotion – s'éloigne de plus en plus du spectacle originel (la restitution par la caméra principale en plan large était la plus proche du point de vue du spectateur dans le stade), dont elle propose une version de plus en plus dérivée.

« Le fragment l'emporte sur le tout, comme si la vérité d'un tableau se trouvait dans ses détails, la vue d'ensemble n'ayant qu'un sens secondaire. Pourtant, plus l'espace du jeu est morcelé, plus la distance critique disparaît », analyse Jacques Blociszewski. « Plus le nombre de ralentis placés par le réalisateur est grand, plus le match devient création et produit audiovisuel. La question qui se pose est alors : comment marier cet intense remaniement du match avec le "respect de la chose filmée" ? »[15]. La compréhension du jeu est en effet compromise par sa disparition dans un hors-champ en expansion : les réalisateurs s'autorisent souvent à passer un énième ralenti ou un gros plan sur un visage plutôt que de revenir au jeu qui a repris, ils occultent par les gros plans le positionnement des équipes, ratent des phases d'une action, s'attellent au récit de faits périphériques. Même le direct est parasité par le « différé immédiat » des replays. « Le parti pris de créativité de certains réalisateurs vient souvent heurter frontalement la logique même du football. La continuité du jeu – si caractéristique du football, sport fluide – est mise à mal par l'abus des ralentis. »[16]

L'adoption définitive de l'arbitrage assisté par la vidéo (VAR) en 2018 témoigne de l'influence directe des télévisions, qui ont pratiqué et promu intensivement ce dispositif des années avant son officialisation. Par l'usage obsessionnel des ralentis pour « réarbitrer » les décisions, par le procès-dénigrement permanent des arbitres (devenu un contenu éditorial majeur), par le régime d'indignation mobilisé pour fustiger des « erreurs » considérées comme insoutenables en regard des « enjeux », par la défense d'une « justice » largement illusoire, les diffuseurs ont donné à cette adoption un caractère inéluctable, indiscutable et indiscuté. Le fait que cette révolution ait fait l'objet d'une promotion univoque et d'aucun débat contradictoire digne de ce nom dans les médias spécialisés manifeste la puissance des acteurs télévisuels, ainsi que quelques-uns de leurs traits caractéristiques : foi infantile en la « vérité » des images, technophilie fervente, ignorance de la nature spécifique de l'arbitrage du football qui nécessite d'interpréter des situations ambivalentes, etc.

Alors que, depuis les années 1930, les Lois du jeu n'avaient été modifiées que par retouches prudentes et bénéfiques, elles ont fait l'objet de réécritures frénétiques, destinées à corriger les effets indésirables de la VAR : fin de l'instantanéité des émotions du but, devenues conditionnelles, arbitrage « administratif » des fautes et jugement millimétrique des hors-jeu à rebours des objectifs des règles, jeu haché par les interruptions alors que sa qualité repose sur sa continuité – tel avait été le sens des nombreuses réformes des années 1990. Cela pour des bénéfices marginaux (la suppression de quelques erreurs les plus objectives), sans tenir la majorité des promesses (disparition des contestations, des polémiques et des sentiments d'injustice, meilleur respect des arbitres). Le dispositif offre en revanche une matière à récit pour les diffuseurs, avec le suspens de la décision, tandis que, par ailleurs, la technologie de contrôle de la ligne de but et les « hors-jeu semi-automatiques » fournissent des animations visuelles (de synthèse) qui enrichissent la retransmission.

* * *

Le formatage du football pour ses diffuseurs a entraîné une litanie de bouleversements qui répondent à leur demande : accès dispersé et payant, reconfiguration des compétitions et des calendriers, encouragement à la starification des joueurs et des équipes, mise en scène spectacularisante, immixtion des dispositifs télévisuels dans le jeu, etc. L'économie tout entière de ce sport est dépendante de son financement majoritaire par les diffuseurs, qui en sont ses véritables maîtres, fût-ce implicitement : ils n'ont même pas besoin d'exercer de pression sur les autres acteurs pour obtenir la satisfaction de leurs exigences.

LA PREMIER LEAGUE, PREMIÈRE SUR TOUTE LA LIGNE

« *La Premier League n'est-elle pas devenue l'équivalent footballistique de la City de Londres : un terrain de jeu non régulé pour les super riches du monde entier, jetant par les fenêtres l'argent des autres tout en prétendant fournir au public un service essentiel ? Ce n'est pas votre monde et il n'a plus aucun vrai lien avec votre vie, mais en y mettant le prix, vous pouvez prendre une chaise et vous asseoir au fond pour regarder.* »

Jonathan Liew, journaliste du *Guardian*[17].

La révolution néolibérale du football a commencé en Angleterre. S'il faut retenir arbitrairement une date pour son coup d'envoi, ce sera le 15 août 1992, celle du lancement de la Premier League, nouvelle mouture du championnat d'élite. En tout cas, l'année 1992, qui voit aussi la naissance de la Ligue des champions, fait un point de départ plus pertinent que 1995, souvent retenue en raison de l'arrêt Bosman. Si ce n'est pas une naissance, c'est une renaissance. Le football anglais veut tourner la page noire des années 1980 durant lesquelles il est devenu, selon l'expression du Times devenue fameuse, « A slum game, played in slum stadiums, watched by slum fans » – un sport de bidonville, dans des stades de bidonville, devant des supporters de bidonville. La décennie précédente a été marquée par un hooliganisme endémique et une série de drames : 39 morts au stade du Heysel à Bruxelles, en avril 1985, écrasés à la suite d'un mouvement de foule provoqué par des supporters de Liverpool avant la finale de Coupe d'Europe des clubs champions contre la Juventus Turin. 56 morts quelques jours auparavant, dans l'incendie de la tribune principale de Valley Parade, le stade vétuste de Bradford City. 97 lors de la demi-finale de la Cup entre Liverpool et Nottingham Forest, en mai 1989 au stade de Hillsborough[18].

Cependant, la légitime lutte contre le hooliganisme et la nécessaire modernisation des stades permettent de poursuivre d'autres desseins. Le rapport Taylor (1990) préconise la suppression des tribunes debout, les légendaires terraces. De nouvelles législations et des moyens policiers renforcés éloignent les hooligans des stades de l'élite, sans éliminer le problème. Les stades, modernisés, sécurisés et pacifiés peuvent accueillir un public plus familial, et plus aisé, entamant un processus d'éviction des classes populaires. Encore faut-il restaurer le prestige de cette First Division plombée par une image déplorable et dont la moyenne de spectateurs par match est descendue sous la barre des 20000. Bannis des coupes d'Europe durant cinq ans à la suite du Heysel, les clubs accusent plusieurs trains de retard sur l'Europe continentale, dominée par la Serie A italienne.

La Premier League naît à la fois de cette nécessité et des opportunités que certains ont perçues dans ces décombres, en particulier un potentiel économique inexploité. Le milliardaire Rupert Murdoch veut le mettre au service de Sky TV, nouveau candidat aux droits de diffusion qui va les faire partir à la hausse dans sa lutte avec le rival ITV. Mais il faut d'abord faire imploser les instances gouvernantes du football. Plusieurs présidents de grands clubs se liguent et parviennent à convaincre leurs pairs et la Fédération (FA) d'autoriser la division d'élite à se détacher de la FA et de la Football League – l'organe qui gouverne les trois premières divisions professionnelles. Ils y parviennent notamment en agitant la menace d'une ligue privée. En mai 1992, la Premier League est créée en tant que société commerciale libérée de la tutelle de la FA. Une des plus grandes success stories du sport-business commence par une sécession de l'élite. Cette tentation sera le fil rouge de l'ère qui s'ouvre en Europe, jusqu'à nos jours.

Le nombre de matches diffusés augmente considérablement et, sous son nouveau nom, la compétition fait l'objet d'une importante publicité. Elle accomplit une révolution paradoxale, qui maintient certaines traditions pour en faire la promotion, et en liquide d'autres pour mettre en œuvre la nouvelle modernité du football. Le championnat, auparavant replié sur lui-même avec une large majorité de joueurs britanniques, s'ouvre très vite à l'arrivée de joueurs et d'entraîneurs étrangers qui imposent des règles d'hygiène de vie inédites et une mise à jour des styles de jeu. À la faveur de la dérégulation du marché des joueurs européens, l'arrêt Bosman faisant sauter les quotas de joueurs communautaires, la PL devient un nouveau pôle d'attraction, radicalement cosmopolite, pour les meilleurs joueurs européens et sud-américains. En 2016, près de 70 % des joueurs sont étrangers. L'identité locale des équipes, la formation des joueurs et la sélection nationale en font les frais, mais la Premier League n'en a cure : elle prospère, en montrant une belle capacité à actualiser ses mythologies.

Arsenal abandonne Highbury, son bijou Art déco jugé trop petit pour absorber la demande de places, au profit de l'Emirates Stadium, enceinte impersonnelle mais moderne d'une capacité de 60 000 spectateurs. Ce déménagement est emblématique de la tendance au naming des enceintes[19], et surtout de l'inflation du prix des billets et des abonnements. Malgré les promesses des dirigeants – le doublement du nombre de sièges devait permettre de présenter des tarifs meilleur marché –, l'enceinte devient la plus chère du royaume et hérite du surnom de « bibliothèque » pour son ambiance feutrée. Mais elle est rentable, avec ses loges et des business seats, et ses tribunes où s'accomplit efficacement le remplacement du public populaire par des catégories socioprofessionnelles plus aisées et plus sages. La gentrification des tribunes n'est pas un dommage collatéral de la rénovation générale, mais une politique : les stades deviennent des machines à cash attirant désormais plus de CSP+ et de touristes que de membres de la working class.

Cette nouvelle puissance économique ne se traduit pas tout de suite dans les performances européennes (Manchester United remporte la Ligue des champions en 1999 et 2008, Liverpool en 2005), mais la Premier League conquiert le monde. La chance ou le flair de ses dirigeants est d'avoir lancé sa mutation simultanément au mouvement d'expansion économique et géographique du football : c'est elle qui se présente en position de force sur les nouveaux continents-marchés en Asie et en Amérique du Nord. La compétition, habilement marketée, devient une marque planétaire, comme ses clubs les plus prestigieux, qui recrutent des fans étrangers dix ou cent fois plus nombreux que leurs supporters locaux. Elle assoit alors une suprématie économique durable et incontestée sur tous les postes de revenus : recettes de jour de match, sponsoring et marketing, droits de télévision domestiques et internationaux. Au début des années 2020, ces derniers, à hauteur de 4 milliards d'euros annuels, représentent 1,8 fois ceux de la Liga espagnole, 2,75 fois ceux de la Bundesliga allemande, 3 fois ceux de la Serie A italienne. La lanterne rouge anglaise perçoit plus que les champions d'Allemagne et d'Italie, deux fois plus que le champion de France... Les grandes équipes font la différence sur les autres revenus de marketing et de sponsoring, démultipliés par leur notoriété internationale.

L'internationalisation de la Premier League se poursuit avec celle de l'actionnariat des clubs, qui attirent des capitaux du monde entier, motivés par les perspectives de profit ou d'exposition médiatique : fonds d'investissement, milliardaires américains, asiatiques, russes ou moyen-orientaux puis fonds souverains. En 2021-2022, les trois quarts des clubs étaient sous le contrôle de propriétaires étrangers. Si certains suivent une stratégie de rentabilité qui nuit aux performances, à Arsenal ou Manchester United, d'autres, comme l'oligarque russe Roman Abramovitch qui rachète Chelsea en 2003, investissent sans compter dans les effectifs – les Blues remportent la Ligue des champions en 2012. En 2008, un nouveau pas est franchi avec la reprise de Manchester City par un fonds souverain émirati aux moyens virtuellement illimités. Pionnière, la Premier League l'est aussi de la financiarisation et de l'instrumentalisation géopolitique du football.

Apparemment insensible à la crise du Covid, la Premier League a battu, lors de la fenêtre estivale 2022, son record de dépenses en transferts avec 2,3 milliards d'euros de dépenses brutes (presque autant que les quatre autres grandes ligues réunies) et 1,35 milliard d'euros de dépenses nettes (dont la moitié réalisée par les clubs du « Big 6 » – les deux Manchester, Chelsea, Liverpool, Arsenal et Tottenham). Huit des dix plus gros transferts ont été réalisés par des clubs anglais. Pour l'année 2022, sept clubs anglais figurent dans le top 10 des plus grosses dépenses. De 2013 à 2022, la Premier League enregistre une balance des transferts négative de près de 10 milliards d'euros (1,39 pour la Serie A, au deuxième rang)[20]. En 2021-2022, 11 des 20 clubs européens percevant le plus de revenus sont anglais, et 16 des 20 clubs de Premier League figurent dans le top 30[21]. Lors du mercato d'hiver 2023, Chelsea a dépensé à lui seul (330 millions d'euros) plus que les clubs des quatre autres grandes ligues européennes (260), et la Premier League quasiment le double (500).

Le modèle anglais a fait école, sans laisser la moindre chance de le rattraper. Il a parfaitement su à la fois exploiter son capital historique et répondre aux demandes contemporaines, et offre un grand spectacle parfaitement mis en scène. À défaut d'avoir préservé la ferveur de jadis dans ses stades, il suscite une attention nationale et internationale. À son crédit, il faut souligner qu'il ménage mieux l'incertitude sportive que ses grands homologues européens, archi-dominés par une ou deux équipes : alors qu'on s'attendait à voir émerger un « Big 4 », une demi-douzaine de formations peuvent prétendre, chaque saison, au trophée national.

* * *

Laboratoire du football-business, le football anglais a aussi été précurseur de ses dérives. En avril 2021, le « Big 6 » anglais renoue avec les origines sécessionnistes de la Premier League : Manchester United, Liverpool, Chelsea, Arsenal, Tottenham et Manchester City font partie des douze membres fondateurs de la Super Ligue, compétition européenne privée et fermée qui veut court-circuiter l'UEFA (voir « Super Ligue, de la menace à la "fatalité" », p. 112).

Les quatre derniers cités illustrent bien l'effet booster de la Premier League : avant 1992, dans la hiérarchie européenne, ces honnêtes clubs étaient surpassés en prestige et en palmarès par des dizaines de formations du continent. Et, trente ans plus tard, leur prétention à faire partie d'une élite autoproclamée s'appuie encore sur leur puissance économique bien plus que sur leur légitimité sportive.

« DES ENTREPRISES COMME LES AUTRES »

« *Nous ne sommes pas un club de foot, mais une holding de divertissement.* »

Jean-Michel Aulas,
président de l'Olympique lyonnais[22].

La mutation du statut juridique des clubs a certainement été moins une cause qu'une condition de la transformation de l'industrie du football. Amorcée dans le courant des années 1970, elle a constitué un objet de lutte pour de nombreux dirigeants désireux de quitter le modèle associatif pour entrer pleinement dans le monde des affaires. En France, le statut associatif n'a pas été remis en cause avant la loi Mazeaud de 1975 qui donne accès à celui de société d'économie mixte locale (SEML), « qui mêlait actionnariat public et privé et permettait aux collectivités territoriales de s'impliquer dans la gestion des clubs »[23]. La croissance économique et les critiques envers le financement par des fonds publics conduisent en 1984 à obliger les clubs, au-delà de certains seuils financiers, à adopter les statuts de société à objet sportif (SOS) ou de société d'économie mixte sportive locale (SEMSL), qui maintiennent l'association dans le capital. En 1987, la SOS devient SAOS (société anonyme à objet sportif), mais c'est en 1999 que la SASP (société anonyme sportive professionnelle) s'aligne sur les sociétés de droit commun en permettant la distribution de dividendes et la cotation en bourse. Les clubs professionnels français sont aujourd'hui, dans leur grande majorité, placés sous ce régime.

Pour les propriétaires-présidents (modèle le plus courant jusqu'au début du XXIe siècle), il s'agit de gagner des marges de manœuvre financières, mais aussi de reprendre à l'association la propriété de la marque et des droits de télévision afin de les inscrire dans leurs actifs, et plus marginalement d'entrer en Bourse. Ce dernier souhait est une revendication du très militant président de l'OL (de 1987 à 2023) Jean-Michel Aulas, sous le mantra « les clubs sont des entreprises comme les autres ». La cotation reste toutefois très marginale en Europe, et elle a rarement été couronnée de succès avec des cours tombés très loin de leur niveau d'introduction. En bonne logique néolibérale, les clubs cessent toutefois d'être des entreprises comme les autres lorsqu'il s'agit de toucher des subventions publiques indirectes, de réclamer des aides spécifiques ou des exceptions fiscales – avec les dispositifs autour du droit à l'image ou celui de l'impatriation, qui font l'objet d'un intense lobbying dans les années 2000.

Il existe deux principaux contre-modèles nationaux à celui de la société commerciale. Le modèle historique d'actionnariat populaire en Espagne : le club est la propriété de ses socios. Intéressant en ce qu'il interdit la prise de contrôle par des actionnaires privés, il n'empêche pas le FC Barcelone et le Real Madrid d'être des superpuissances économiques, et comporte des risques de dérives « électoralistes », la présidence faisant l'objet d'élections. En Allemagne, la règle du « 50+1 » interdit à un actionnaire privé de disposer de la majorité des parts, qui doit rester à l'association, ce qui garantit l'ancrage local des clubs – le Bayern Munich n'en est pas moins, lui aussi, une superpuissance européenne. Ce système connaît quelques exceptions[24] et fait l'objet de critiques de la part des grands clubs, qui y voient un frein à l'arrivée d'investisseurs, c'est-à-dire un handicap économique à l'époque où leurs rivaux européens sont l'objet d'investissements massifs.

La mesure de ce basculement dans le régime des sociétés commerciales ne sera prise que lentement. Un premier tournant se produit lorsque les patrons-présidents traditionnels, chefs d'entreprises locales de taille moyenne, voient arriver les « capitaines d'industrie » et leurs plus substantielles fortunes, dont Silvio Berlusconi constitue le modèle le plus emblématique. En reprenant le Milan AC en 1986 et en lui redonnant son lustre sportif, il contribue à ses affaires et à sa carrière politique, tout comme Bernard Tapie, acquéreur de l'Olympique de Marseille la même année, qui rivalise immédiatement avec les Girondins de Bordeaux du flamboyant Claude Bez. Jean-Luc Lagardère jette son dévolu sur le Racing Club de Paris dès 1982, lequel devient Racing Paris 1 puis Matra Racing – l'échec sera cuisant. Tous ont en commun une politique qui se caractérise par des dépenses importantes pour constituer un effectif compétitif, quitte à lui donner des allures de cavalerie financière. Renonçant à une croissance seulement « organique », fondée sur une progression sportive, ils optent pour un développement accéléré visant à raccourcir le temps « d'accumulation d'un capital footballistique » et de « production d'une équipe performante », selon les expressions des économistes Jean-Michel Faure et Charles Suaud[25].

L'attention croissante que suscite le football et le constat que des moyens financiers permettent de s'y faire rapidement une place avantageuse suscite l'intérêt d'autres types d'acteurs. Au cours des années 1990, des groupes médiatiques voient des possibilités de synergies industrielles dans l'acquisition de clubs, comme Canal+ avec le PSG (1991-2006) et M6 avec les Girondins de Bordeaux (1999-2018) : le football et les médias se développent conjointement. Des milliardaires s'aventurent sous la lumière des projecteurs, pour s'offrir de la notoriété et un supplément d'âme, ou bien pour développer leurs réseaux politiques et économiques et leur sphère d'influence. Robert Louis-Dreyfus achète l'Olympique de Marseille en 1999, et y engloutit une partie de sa fortune jusqu'à sa mort en 2009 (sa famille ne revendra le club qu'en 2016). François Pinault acquiert le Stade rennais en 1998, avec le profil plus rationnel d'un mécène qui limite ses investissements. En Italie et en Espagne, la tradition des grandes fortunes industrielles à la tête des grands clubs nationaux est ancienne, et l'Allemagne échappe à ce premier mouvement d'ouverture du capital des clubs. Mais les clubs de haut niveau quittent définitivement l'ère de l'entité mi-association, mi-PME en se structurant. Souvent dirigés par des présidents délégués interchangeables, ils tendent à s'éloigner symboliquement de leur territoire et de leurs supporters.

La transformation des clubs en sociétés commerciales ne se fait pas sans heurts. Les années 2000 commencent par ce que l'économiste Bastien Drut appelle une « crise de surinvestissement » dans les salaires et les transferts des joueurs, ponctuée par quelques faillites retentissantes dues à une mauvaise gestion (Leeds United ou Parme AC). Dans cette période transitoire et instable, caractérisée par une conjoncture économique globale critique, de nombreux clubs sont fragilisés. L'endettement du Milan AC, du Real Madrid, du Valence CF ou du FC Barcelone atteint des niveaux insoutenables, l'AS Roma et la Lazio Rome échappent à la faillite. Tous doivent leur salut à l'intervention publique (effacement de dettes, étalement des arriérés fiscaux, changement des règles comptables, rachat opportun de biens fonciers). Même les sérieuses entreprises allemandes comme Schalke 04 et le Borussia Dortmund vivent à crédit, en équilibre précaire.

* * *

Cette phase durant laquelle l'industrie du football a semblé courir à la catastrophe n'a pas duré. En effet, les mesures d'encadrement et de contrôle adoptées au début des années 2010 par l'UEFA, par les législateurs et les ligues, en dépit de leurs limites, ont permis de réduire l'endettement des clubs et d'assainir leurs comptes. Malgré l'impression donnée par les transferts les plus spectaculaires et malgré l'engloutissement des revenus dans la masse salariale, « les clubs engagent des dépenses raisonnables par rapport à leurs recettes », estime Bastien Drut : « Alors que les clubs européens accusaient un déficit agrégé de 1,67 milliard d'euros en 2011, ils affichaient un bénéfice de 615 millions en 2017. »[26] Si leur rentabilité reste incertaine, s'ils conservent un caractère structurellement déficitaire et restent (trop, selon eux) exposés à l'aléa sportif, ce rétablissement va consolider leur attractivité auprès de nouveaux profils d'investisseurs. Avant d'y venir, on fera d'abord un détour sur l'entrée des clubs dans un régime de marchandisation globale.

« Nos référents appartiennent aujourd'hui à d'autres univers que le sport, comme Disney. Ils ont Mickey Mouse, nous avons Messi. Ils ont Disneyland ? Nous avons le Camp Nou. »

Didac Lee, membre du conseil d'administration du FC Barcelone[27].

La conversion au modèle du club-entreprise implique, d'une part l'adhésion au modèle économique commun fondé sur les droits de diffusion et le système des transferts ; d'autre part l'adoption des méthodes et des objectifs d'une entreprise de spectacle : développement du merchandising, de la « marque », du stade comme centre de revenus. Cette conversion est à l'origine d'une rupture progressive avec l'identité des clubs, qui affecte d'abord les symboles, à commencer par les plus emblématiques d'entre eux : blasons, maillots, stades. Significativement, les premiers deviennent des logos, régulièrement remaniés par des agences spécialisées pour les remettre au goût du jour – ce qui rapproche le moment où ils seront de nouveau démodés. Le logo de la Juventus présenté en 2017 renonce à tout motif héraldique antérieur, stylisé à l'extrême au point de s'apparenter à celui d'une marque internationale de vêtements, signature à la fois anonyme et facilement reconnaissable. C'est précisément ce que deviennent les grands clubs : des marques globales, qui vendent beaucoup de textile et de produits dérivés, et doivent être identifiées partout dans le monde, quitte à éliminer traces du passé et références au territoire.

Le port du maillot « à la ville » est un phénomène tardif, mais le marché s'est développé très vite dans le courant des années 1990. Passés par la palette graphique d'équipementiers sportifs qui payent très cher leur association aux clubs les plus prestigieux, les maillots subissent des réinterprétations audacieuses, des oublis de leurs couleurs historiques, des déclinaisons en trois, quatre voire cinq modèles par saison (qui se démodent au même rythme annuel), des prix exorbitants (de 65 à 160 euros), des séries spéciales et des collaborations avec des créateurs et des marques de mode. Dire que ces maillots ne ressemblent plus à des maillots de football, c'est moins tomber dans la nostalgie que constater la disparition de traits caractéristiques du football. Les maillots deviennent dans le même temps un contenu de l'actualité sportive, qui démultiplie la visibilité des marques – équipementiers et sponsors. Pour les médias, l'accès aux grands joueurs, devenu plus rare et plus difficile, passe de plus en plus souvent par les sponsors personnels, lors d'événements promotionnels qui les obligent à exposer leurs marques d'une façon ou d'une autre. De manière générale, la complaisance des médias spécialisés avec les sponsors, au travers de partenariats ou de l'exposition gratuite des produits, la porosité entre information sportive et information commerciale sont considérées comme normales et très peu discutées[28].

Tous les espaces, matériels et immatériels, deviennent des supports publicitaires. En témoigne la prolifération des logos dans les stades, sur les sportifs et sur les écrans : ils sont placardés sur les panneaux derrière les joueurs lors des interviews de bord de terrain, dans les couloirs des vestiaires, sur les murs de la salle de presse et de tout autre espace officiel. L'arrière de certains shorts s'orne de sponsors, comme pour dire trivialement ce qu'on est capable de vendre. Les panneaux publicitaires lumineux, avec leurs animations psychédéliques, assument de parasiter délibérément le spectacle. L'impératif de la quête de revenus justifie de nombreuses compromissions. Apparus dans les années 1970, longtemps interdits dans les coupes européennes, les « sponsors maillot » sont perçus comme une obligation. Même le FC Barcelone, qui s'enorgueillissait de sa tunique immaculée, manœuvre grossièrement pour se convertir en passant, en 2006, par une étape intermédiaire qui le voit afficher le logo de l'Unicef. Joueur et entraîneur emblématique du club, Johan Cruyff s'en désole : « Nous étions un club unique au monde. Nous avons vendu ce caractère unique contre environ 6 % de notre budget. Je comprends bien que nous enregistrons actuellement des pertes. Mais en vendant le maillot, nous montrons que nous sommes sans imagination, et que nous sommes devenus vulgaires. »

On peut être frappé de la forte présence des représentants des secteurs les plus nuisibles socialement : paris sportifs, cryptomonnaies, services de livraison ubérisés, malbouffe, etc., auxquels s'ajoutent les offices de tourisme d'États autocratiques. En 2021, l'étude d'un cartel d'ONG britanniques met en évidence la surreprésentation, dans le sport, des sponsors issus d'industries qui contribuent fortement au changement climatique : automobile, transport aérien et énergies fossiles[29]. Les marques s'accolent même au nom des compétitions : Jupiler Pro League (Belgique), Liga BBVA puis Liga Santander (Espagne), Ligue 1 Conforama (France), Barclays Premier League (Angleterre, de 2004 à 2016), Serie A TIM (Italie), etc. Les stades deviennent eux aussi des espaces commerciaux à plusieurs dimensions. Avec le naming par des sociétés d'assurance, des compagnies aériennes, des banques, ils participent au mouvement de privatisation de l'espace public et de trivialisation de l'espace sportif. En 2019, 24 des 78 stades des élites anglaise, allemande, italienne et espagnole portent un nom de marque[30].

Le modèle des « arenas » – inspiré des stades états-uniens et dont l'Amsterdam Arena inaugurée en 1996 a fixé un standard pour l'Europe – en fait des infrastructures hybrides, entre centres commerciaux, parcs d'attractions, hubs numériques et sites touristiques. Leur construction signifie souvent l'abandon d'enceintes historiques, jugées trop petites ou inadaptées à ces modes d'exploitation, et un déménagement depuis les centres-villes vers des territoires où le foncier est moins élevé et où ils s'insèrent dans des programmes immobiliers dont ils ne constituent parfois que le prétexte[31].

Ils deviennent ainsi d'importants pôles de profit, qui optimisent les recettes de billetterie avec des méthodes issues du yield management[32], et multiplient les sollicitations commerciales : restauration (généralement chère et médiocre), boutiques, services numériques. Présentés comme des lieux conviviaux, ils sont intensément vidéosurveillés, dotés de sonos assourdissantes pour diffuser les messages publicitaires qui passent sur les écrans géants. Désormais obligatoirement « connecté », le stade est aussi un terrain d'expérimentation pour les technologies numériques qui proposent des suppléments au spectacle, des services et des offres commerciales, intercalent des écrans fixes ou mobiles, géants ou miniatures, entre le spectateur et le spectacle. La *fan experience*, selon le terme du jargon marketing, fait du spectateur avant tout un consommateur.

* * *

La transformation de l'espace footballistique en espace marchand relève d'un paradoxe : aussi intense soit-elle, elle est parfaitement banalisée, admise à défaut d'être justifiée, rendue insensible sinon invisible – sans y perdre en efficacité. Une partie des supporters, les ultras généralement, se posent en gardiens des traditions et protestent régulièrement contre les manipulations génétiques dont les emblèmes de leur club sont l'objet ou contre les politiques tarifaires, exprimant un sentiment de dépossession plus global et plus diffus. Mais dans leur majorité, ils avalisent ces politiques, ayant intériorisé la nécessité – économique – de rivaliser dans un espace qui a lui-même intériorisé l'impératif de capter n'importe quelle ressource disponible, quel qu'en soit le prix symbolique.

LE CAPITAL FOOTBALLISTIQUE AU XXIe SIÈCLE

« *Achetez un plus petit club, un grand club en crise, achetez plusieurs équipes, investissez dans les ligues.* »

Bloomberg LP[33]

Faire des clubs « des entreprises comme les autres » répond à une volonté d'efficacité économique, condition de plus en plus impérative de l'efficacité sportive. Cela revient aussi, et cela a été très mal anticipé, à ouvrir leur capital à toutes sortes d'intérêts « étrangers », au sens propre comme au sens d'étrangers au football. Un état d'incertitude financière accrue s'installe durablement, et la propriété des clubs fait l'objet de spéculations constantes, d'autant que la vague de reprises va aller en s'accentuant au cours des deux premières décennies du siècle, tout en changeant de nature. C'est encore en Angleterre que s'observe le plus précocement le deuxième mouvement d'ouverture du capital des clubs, la législation nationale favorable et la prospérité de la Premier League attirant assez tôt des investisseurs étrangers mêlant fonds d'investissements, sociétés et milliardaires, puis fonds souverains.

Quand le magnat égyptien Mohamed Al-Fayed reprend Fulham en 1997, ses motivations restent axées sur une recherche de visibilité et de notabilité. En 2003, il en va de même pour l'oligarque Roman Abramovitch avec le Chelsea FC, mais les moyens considérables qu'il investit dans le club londonien marquent la création d'une nouvelle catégorie de clubs « nouveaux riches », dont les propriétaires sont résolus à forcer ainsi les portes de l'élite anglaise et européenne. Le surnom Chelski fait écho à celui de Londongrad, qui désigne la bienveillance de la capitale britannique à l'égard des capitaux russes, quelle que soit leur origine, avec ses visas de complaisance et sa complaisance fiscale. Associé à un quartier cossu, à des supporteurs volatils, à des tarifs de billets prohibitifs, à un effectif de mercenaires et au profil controversé de son propriétaire, Chelsea suscite d'abord quelque antipathie, progressivement atténuée par les succès sportifs et la banalisation des passages sous pavillon étranger. Il faudra près de vingt ans et l'invasion de l'Ukraine en 2022 pour que le Royaume-Uni prenne conscience de ce qu'est un oligarque, et oblige celui-ci à revendre le club contre 5 milliards d'euros au milliardaire états-unien Todd Boehly – à rapporter aux 140 millions de livres de son achat (environ 200 millions d'euros de l'époque). Une culbute qui résume la valorisation d'un tel club dans l'intervalle, mais masque les sommes englouties par l'ancien propriétaire pour y parvenir[34].

La Premier League attire aussi un nouveau type d'investisseurs, à titre individuel et/ou adossés à des sociétés. Ceux-là voient d'autant mieux dans la croissance de la Premier League des opportunités de profits qu'eux-mêmes sont souvent états-uniens et propriétaires de franchises locales de basket, football US, base-ball ou hockey. Ces opportunités sont de deux ordres, qui ne s'excluent pas : la « ponction » sur les revenus du club, qui comprend les opérations extra-sportives, immobilières notamment ; sa revente à terme avec plus-value. Il est frappant que la première option, dans les exemples d'Arsenal et Manchester United, a conduit à une sous-performance sportive en regard des moyens économiques.

Au début des années 2000, les actionnaires majoritaires d'Arsenal, David Dein et Danny Fiszman, décident de quitter le stade historique de Highbury, bijou art déco devenu exigu, pour construire une nouvelle enceinte de 60 000 places à quelques centaines de mètres. Inauguré en 2006, l'Emirates Stadium permet d'augmenter considérablement les recettes de jour de match, mais endette fortement le club, qui limite ses investissements dans les joueurs. Le club réalise cependant une opération très lucrative en vendant les bâtiments construits sur le site de l'ancien stade. « Arsenal est ainsi parvenu à gagner beaucoup d'argent en tirant profil de la flambée de prix de l'immobilier à l'époque, et de la localisation idéale du stade. Mais c'est grâce à l'activité "football" qu'Arsenal est ensuite parvenu à réduire son endettement », constate Bastien Drut[35]. Devenu actionnaire majoritaire puis unique actionnaire entre 2007 et 2018, le milliardaire états-unien Stan Kroenke détient avec Arsenal un actif dont la valorisation a fortement augmenté, mais qui n'a plus remporté de titre de champion d'Angleterre depuis 2004.

Malcolm Glazer et sa famille ont pris le contrôle de Manchester United en 2005 par le biais d'une opération de leveraged buy-out (LBO), qui consiste à financer l'acquisition d'une entreprise par l'endettement de celle-ci, en lui faisant rembourser l'emprunt initial. Entre 2006 et 2018, « c'est plus d'un demi-milliard de livres que Manchester United a utilisées pour rembourser des emprunts souscrits avec pour seul objectif la réussite financière des actionnaires et qui n'ont pas été investis dans la réussite sportive du club »[36]. Au total, compte tenu des dividendes versés et des rémunérations du conseil d'administration, plus d'un milliard de livres ont été soustraits aux ressources du club, tandis que les résultats des Red Devils restaient très loin de la puissance économique d'un club classé premier ou deuxième plus riche du monde.

Différents profils de fonds d'investissement s'emparent de tout ou partie du capital des clubs, attirés par la possibilité de les rendre rentables, dont les fonds de capital-investissement (private equity), spécialisés, qui misent sur la restructuration d'entreprises non cotées pour une revente à court ou moyen terme. Des fonds encore plus spéculatifs comme les hedge funds, qui prêtent de l'argent à des taux usuraires aux clubs en quête de liquidités, peuvent en récupérer la propriété, comme le « fonds vautour » Elliott avec le Milan AC quand ses propriétaires chinois ont été incapables de faire face à leur dette. Des multinationales cherchent plus simplement à se diversifier, comme le groupe spécialisé dans la chimie et la pétrochimie Ineos, propriété du milliardaire britannique Jim Ratcliffe qui a racheté Lausanne-Sport en 2018, l'OGC Nice en 2019 (de même que l'équipe cycliste Sky la même année), et s'est porté candidat au rachat de Chelsea en 2022 (sans succès) puis de Manchester United en 2023.

Ajoutons le cas de figure des clubs créés de toutes pièces, ou presque, à partir d'une équipe anonyme ou en déshérence, comme le TsG Hoffenheim en 1990 par la septième fortune allemande Dietmar Hopp, le RB Leipzig en 2009 par le milliardaire autrichien Dietrich Mateschitz fondateur du groupe Red Bull, ou l'éphémère Évian Thonon-Gaillard (2009-2016) sous l'égide du groupe Danone et de son P.-D.G. Franck Riboud. Ces deux derniers cas sont exemplaires de l'utilisation des équipes comme supports de communication : le premier par l'apposition des initiales RB au nom de la ville, le second par le port de maillots imitant les étiquettes de la boisson minérale éponyme. Décriés pour leur caractère factice et leur croissance artificielle, Salzbourg et Leipzig ne se sont pas moins imposés dans le paysage sportif, se signalant par leurs bons résultats européens et leurs politiques sportives innovantes.

La volatilité chronique des investisseurs, leur vision parfois cynique, leur mauvaise appréhension de la gestion sportive conduisent régulièrement à des fiascos et des abandons en rase campagne. Les Girondins de Bordeaux sont tombés en deuxième division en 2022, quatre ans après les promesses mirobolantes du fonds américain GACP. Coventry City n'est pas parvenu à remonter dans l'élite et a perdu son stade. Crystal Palace est plongé dans l'instabilité institutionnelle et sportive par celle de son actionnariat. Le Malaga CF, racheté en 2011 par un membre de la famille royale qatarie attiré par la lumière, connaît à coups de millions une ascension sportive rapide… avant de voir son propriétaire lui couper brutalement les vivres. La liste des victimes d'investisseurs qui avaient promis monts et merveilles est longue ; en France, elle inclut Grenoble Foot 38, le FC Sochaux, l'AS Nancy Lorraine.

En devenant des produits financiers, des supports de spéculation, les clubs qui tentent d'échapper à la relégation sportive et économique rêvent avec leurs supporters de l'investisseur providentiel, dont ils espèrent qu'il permette de rester dans la course, tout en craignant que le conte de fées tourne au cauchemar ou les expose à son éventuelle incompétence et à toutes sortes d'aléas : revers de fortune ou tocades, changements abrupts de stratégie. À partir de 2015, la Chine a investi dans le football mondial via des fonds souverains ou des entreprises nationales, avant un revirement complet trois ou quatre ans plus tard. Si les grands clubs courent peu de risques (« too big to fail », leur valorisation restera toujours élevée), les plus modestes sont doublement vulnérables, à la fois fragiles économiquement et cibles faciles pour les prédateurs.

L'internationalisation du capital des clubs ne marque aucun signe de fléchissement. Au début de la saison 2022-2023, 11 formations de la Ligue 1 française, 11 de la Jupiler Pro League belge, 7 de la Serie A italienne, 7 de la Liga espagnole, 7 de la Liga Portugal, 15 de la Premier League battaient pavillon étranger. Les premières années 2020 sont le moment d'une arrivée massive de nouveaux acheteurs états-uniens, qui contrôlaient, début 2023, 62 clubs professionnels européens, selon le décompte du Centre international d'économie du sport (CIES). Un tiers des acquisitions avaient été réalisées au cours des trois années précédentes. La plupart de ces acteurs se composent des portefeuilles d'actifs sportifs, dans le football et dans d'autres sports, se spécialisant dans cette ingénierie financière spécifique. C'est le cas, entre autres, de Frank McCourt (OM, 2016), de John Textor (OL, 2022) ou de Todd Boehly (Chelsea, 2022 et Strasbourg, 2023).

La carte « géographique » du football mondial se double ainsi d'une carte financière dont les explorateurs ne sont pas au bout de leurs peines, tant sont grandes la complexité et l'opacité des structures et des montages. La traçabilité des entités réellement propriétaires des clubs s'avère souvent une gageure. Leurs ramifications s'étendent via des sociétés écrans dans des paradis fiscaux, quand les sociétés mères n'y sont pas directement domiciliées. Lorsque l'homme d'affaires hispano-luxembourgeois Gérard Lopez était à la tête du Lille OSC entre 2017 et 2021, il fallait mener une enquête de limier pour avoir une idée encore imprécise de ses créanciers et des vrais détenteurs de son capital, éparpillés entre le Luxembourg, les Îles Caïmans, Hong Kong et les États-Unis. Après son départ en 2021, en raison d'une incapacité à honorer les créances, on ne savait plus du tout qui ils étaient, les soupçons se portant toutefois sur le fonds Elliott…

L'intérêt des fonds et des milliardaires pour les clubs est renforcé par un changement important : la possibilité de les rendre rentables, restée longtemps chimérique, s'est consolidée depuis une dizaine d'années avec la réduction globale de leur endettement et de leurs déficits, la croissance du marché des transferts et de celui des droits TV, la valorisation haussière des grands clubs. « Ce nouveau contexte économique fait que certains acteurs anticipent, à moyen terme, que le football sera, d'une manière ou d'une autre, rentable économiquement : en faisant du profit, du trading joueur ou des plus-values lors des reventes. »[37]

* * *

Le vaste marché financier auquel les clubs se sont livrés poursuit son expansion. Ainsi, les fonds d'investissement ne s'intéressent plus seulement aux clubs, mais également aux ligues professionnelles, à la faveur de la création par celles-ci de sociétés commerciales consacrées à la gestion de leurs droits sportifs et précisément destinées à l'accueil d'investisseurs en quête d'opportunités plus diverses. En avril 2022, la Ligue de football professionnel a cédé 13 % du capital de sa société commerciale à CVC Capital Partners pour 1,5 milliard d'euros. Quelques mois plus tôt, la même société avait acquis 10 % de la Liga espagnole pour deux milliards, après avoir échoué à conclure avec la Serie A italienne en 2020. Pour la ligue concernée, l'intérêt est celui d'un apport immédiat de cash, notamment pour faire face aux difficultés issues de la crise du Covid. Le fonds d'investissement mise pour sa part sur la valorisation du championnat en vue d'une revente ultérieure de sa participation, en surcroît du prélèvement de sa part des revenus générés. L'intérêt commun réside dans la valorisation de la compétition, mais la ligue hypothèque en quelque sorte ses revenus futurs, et rien ne l'assure d'être gagnante à terme. Certains clubs en difficulté ont eux-mêmes cédé une partie de leurs droits TV, comme en juin 2022 le FC Barcelone au fonds états-unien Sixth Street, à hauteur de 10 %.

VERS L'« HYPERMODERNITÉ » FINANCIÈRE

« *Le club uruguayen pourra nourrir le club belge, qui pourra nourrir le club français, qui pourra nourrir le club de Premier League.* »

Bill Foley, propriétaire
d'un consortium de clubs[38].

Une étape majeure, quoiqu'on en eût très mal mesuré les conséquences, a été franchie avec l'arrivée des fonds souverains ou assimilés. Peu nombreux, ils se sont intéressés à des clubs relativement peu valorisés mais présentant un fort potentiel (selon différents critères : caractère historique, base de supporters, bassin de population, attractivité du championnat). En 2008, Abu Dhabi United Group, appartenant au cheikh Mansour bin Zayed Al Nahyan, membre de la famille royale d'Abou Dhabi, rachète Manchester City au milliardaire thaïlandais Thaksin Shinawatra. En 2011, Qatar Sports Investments reprend le Paris Saint-Germain auprès du fonds états-unien Colony Capital. En 2021, après un échec l'année précédente, le fonds saoudien Public Investments Fund, acquiert Newcastle United. Début 2023, un autre fonds qatari est candidat à la reprise de Manchester United. City et le PSG forment avec Chelsea le cercle des « nouveaux riches », par opposition aux clubs trompeusement qualifiés d'« historiques » déjà installés dans l'hyper-élite européenne[39].

La méthode est apparemment analogue à celle employée par Roman Abramovitch avec le club londonien : l'injection massive de moyens financiers pour bâtir à marche forcée un effectif susceptible de remporter des compétitions, et pour enclencher une dynamique d'augmentation des revenus. Mais, à la différence d'une fortune de milliardaire, celle des fonds souverains est virtuellement inépuisable. Ces deux « clubs-États » mettront du temps à convertir cette puissance en titres, mais ils ont parfaitement réussi leur installation dans la classe des superpuissances, qu'attestent leur valorisation très élevée et leur capacité actuelle à moins dépendre de leurs financeurs étatiques. Avant d'y parvenir, il a fallu assumer une balance des transferts extrêmement déficitaire, justifier auprès des instances de contrôle la surévaluation patente des contrats de sponsoring par des entreprises nationales, contourner les règlements (notamment le « fair-play financier » de l'UEFA), négocier les sanctions ou obtenir leur annulation devant les tribunaux[40], résister à l'opposition politique de leurs rivaux dénonçant ce « dopage financier ».

Les finalités, elles, sont fondamentalement différentes. Ces investissements s'inscrivent dans une stratégie globale de soft power, de diplomatie par le sport dont les objectifs sont, pour ces États, de développer leur notoriété, d'améliorer leur image, d'étendre leur influence diplomatique régionale et internationale, de développer des secteurs économiques nationaux (dont le tourisme), etc. Pour le Qatar, pionnier dans ce domaine, la détention du PSG s'inscrit dans une démarche d'influence globale incluant l'exercice de fonctions dans les instances sportives, l'achat de droits de diffusion de compétitions par BeIN Sports, l'organisation d'événements sportifs (avec pour point d'orgue la Coupe du monde 2022)… Le football est ainsi mis au service d'intérêts qui lui sont encore plus extérieurs, au travers d'une instrumentalisation complète qui se double d'une emprise à la fois économique et politique, et du passage à un stade supérieur des distorsions de concurrence. Jamais des États n'auraient dû être autorisés à acheter des clubs, mais rien ne permettait cette interdiction, implicitement perçue comme positive puisqu'elle a correspondu à un afflux de liquidités et a contribué au rayonnement du football-spectacle.

Une autre évolution majeure, accomplie elle aussi sans opposition, réside dans la multipropriété des clubs, ou Multi-clubs Ownership (MCO), c'est-à-dire la constitution de cartels internationaux de clubs.

Le système n'est pas nouveau : il avait été expérimenté par le fonds d'investissement britannique Enic, qui avait acquis entre 1997 et 1999 des parts majoritaires dans l'AEK Athènes, le Slavia Prague, le Vincenza Calcio et le FC Bâle. Le Tribunal arbitral du sport avait alors autorisé l'UEFA à interdire la participation de clubs ayant le même propriétaire à la même coupe d'Europe, ce qui avait considérablement freiné un mouvement qui prenait alors de l'ampleur. Il en a repris. Entre 2016 et 2022, le nombre de clubs concernés par la MCO est passé de 52 à 195, le nombre de groupes multipropriétaires de 20 à 78, selon le CIES. Début 2023, les principaux pays adeptes de la MCO sont l'Angleterre (25 clubs), l'Espagne (23), l'Italie (20), la France (19) et la Belgique (14). En juin 2023, 11 clubs de Premier League font partie d'un réseau comportant des clubs étrangers, et le nombre total de clubs sous MCO s'élève à 274, soit 80 de plus en moins d'un an.

Entre propriété totale et prises de participation, des réseaux complexes se forment au travers des continents et des divisions. Les exemples les plus connus sont ceux de la holding City Football Group, créée en 2013 par le groupe propriétaire de Manchester City, qui détient une douzaine de clubs filiales en Australie, en France, en Espagne, au Japon, en Uruguay ou en Chine, et du groupe Red Bull dont les équipes résident à Leipzig, Salzbourg, New York et São Paulo. Dès les années 1990, des partenariats entre clubs avaient introduit une forme de « filialisation », mais on est passé à un stade industriel, dans l'objectif de développer des synergies économiques et sportives, des économies d'échelle, une marque globale, des moyens d'optimiser les retours sur investissements. Voire de contourner certaines sanctions consécutives à des infractions aux règles financières, d'éviter des interdictions de recrutement par le biais de prêts, et de réaliser des transferts avantageux.

En outre, ce système pyramidal est mis au service du navire amiral qui va bénéficier de ce réseau de clubs et d'un vivier de joueurs et de techniciens. « Les clubs acquis permettent la détection de talents sur les marchés où ils évoluent, le tout dans un contexte d'intensification de la course à la détection de joueurs de plus en plus jeunes », analyse l'économiste Christophe Lepetit[41], rejoint par ses confrères Luc Arrondel et Richard Duhautois : « Créer une "chaîne de production de talents" satisfait une certaine logique économique pour le "trading" joueur. »[42] Les clubs franchisés se retrouvent inévitablement dans la position de vassaux. Au moment d'une prise de participation de 40 % dans le FC Lorient, en janvier 2023, le milliardaire états-unien Bill Foley, déjà propriétaire des Golden Knights, franchise de hockey de Las Vegas, ne cachait pas que son fleuron Bournemouth (modeste formation de Premier League) serait « au sommet de la pyramide ». Pour rassurer les supporters, le président du FCL Loïc Féry doit alors affirmer que son club ne deviendra pas une « succursale » – le prometteur attaquant Dango Ouattara, 20 ans, venait d'être cédé à Bournemouth. Mais Bill Foley file encore la métaphore de la chaîne alimentaire, quelques semaines plus tard, en employant le terme de « Farm team »...

La multipropriété pose d'évidents problèmes éthiques et de conflits d'intérêts, que l'UEFA tolère en dépit de ses propres règlements (voir « Un football sans gouvernement », p. 129). Les clubs les plus puissants trouvent aussi dans ces consortiums un énième moyen de consolider leur domination, et de figer les hiérarchies. « On est la réserve de la réserve de Manchester City », déplorait un entraîneur d'équipes de jeunes de Troyes, relégué en Ligue 2 en 2023[43]. « La stratégie de franchisage [...] illustre clairement l'écart grandissant entre les simples clubs et ceux qui jouissent de l'appui de puissances économiques, souligne Bastien Drut. La réussite de cette stratégie économique, si elle se généralise, va vraisemblablement accentuer le fossé économique entre les top clubs et les autres. »[44]

* * *

L'adoption du dogme des « clubs entreprises comme les autres » a donc conduit à une financiarisation complète de ceux-ci, dont le capital s'est internationalisé et qui sont devenus des supports d'investissements et de spéculation, atteignant un stade que Luc Arrondel et Richard Duhautois qualifient d'« hypermoderne » et caractérisent par le creusement des inégalités entre clubs et championnats, de nouveaux profils d'investisseurs, la stratégie de mondialisation des grands clubs et des ligues, l'augmentation de la demande de football et la multiplication des modes de diffusion[45].

La doctrine du club-entreprise supposait aussi un renoncement idéologique à la spécificité des activités sportives, qui compromettait d'emblée les velléités de régulation reposant sur une telle spécificité et sur une conception des clubs comme « entreprises » particulières susceptibles d'être protégés de ces formes de prédation. Cette doctrine a contribué à nier la dimension patrimoniale d'un club de football, celle d'un bien symbolique dont l'extrême marchandisation aurait dû être interrogée, et celle d'un bien commun dont la propriété n'aurait jamais dû être réduite à la propriété de son capital. Sa valeur économique elle-même est pourtant le produit collectif d'une histoire à laquelle ont contribué et contribuent encore une foule d'acteurs : joueurs, entraîneurs, dirigeants, supporters – et collectivités locales, avec lesquelles le lien a été progressivement rompu en même temps qu'avec les territoires.

La liberté de circulation des capitaux dans le football professionnel a de surcroît accentué les écarts de richesse entre eux, et en a vassalisé une partie pour les mettre au service des plus puissants. Dans ce domaine comme dans les autres, l'absence d'une réflexion philosophique sur ces bouleversements, en amont comme en aval, a favorisé la fuite en avant.

Revenus des clubs européens

en milliards d'euros / Source : UEFA

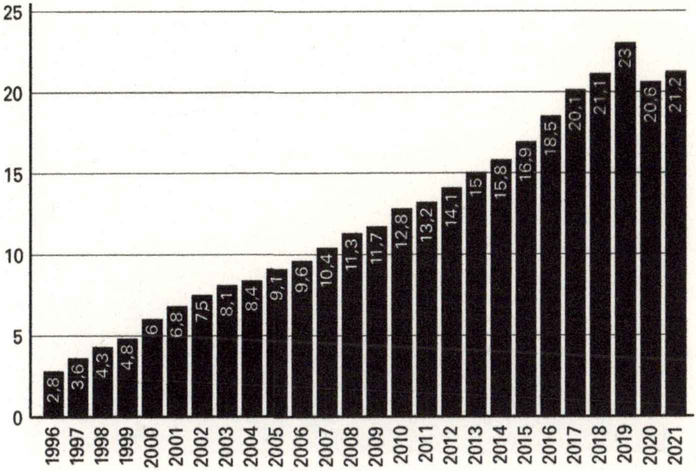

Masses salariales des clubs des premières divisions européennes

en milliards d'euros / Source: UEFA

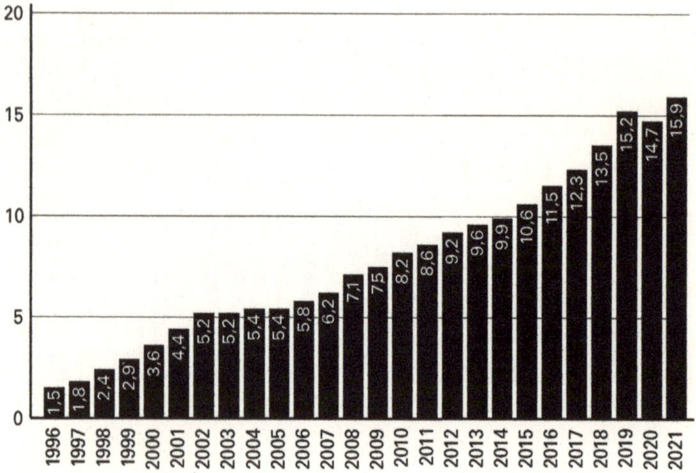

Masses salariales des championnats européens

en millions d'euros, année 2021 / Source : UEFA

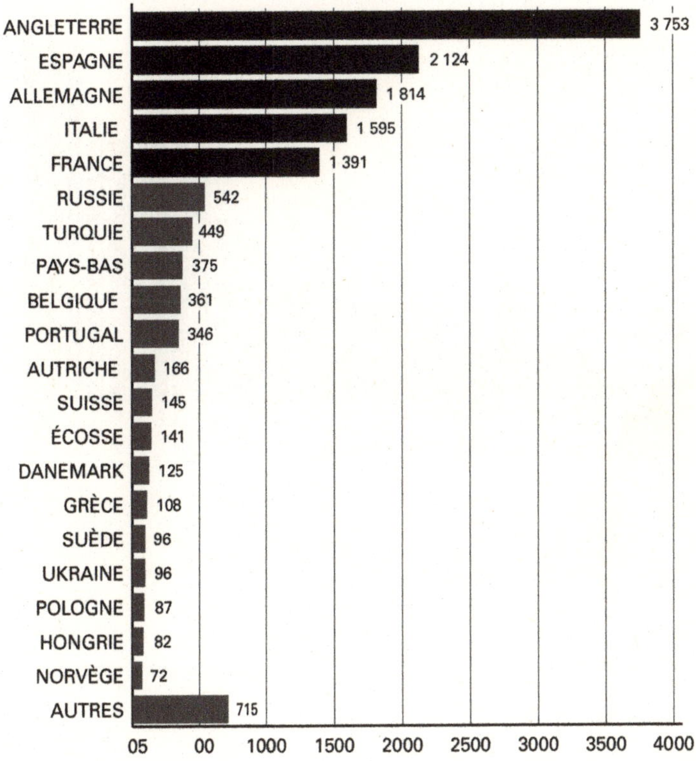

Droits TV versés aux clubs engagés en Ligue des champions

en millions d'euros / Source: UEFA (* estimation)

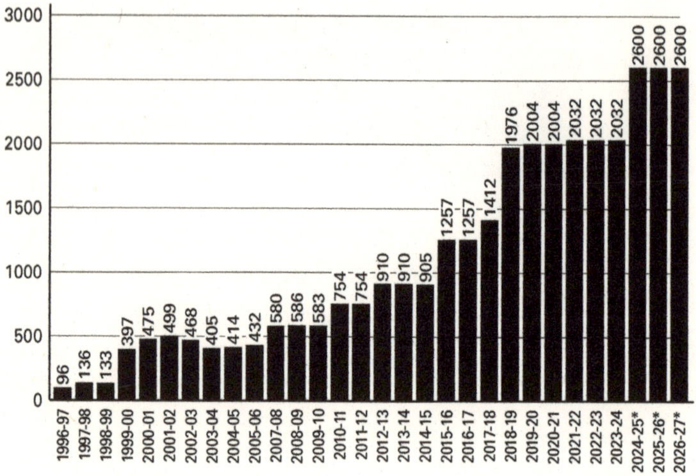

2.
LA LIBÉRALISATION DU MARCHÉ DES FOOTBALLEURS

L'habitude a été tôt prise de désigner l'arrêt Bosman comme la racine du Mal, le péché originel de « l'Europe ». Dominante dans le débat public, chez les spécialistes comme dans l'opinion, au point d'atteindre la dimension d'un « mythe savant » selon le sociologue Manuel Schotté, sa présentation comme déclencheur à lui seul d'une révolution élude l'antériorité (et les autres facteurs) du mouvement général vers la libéralisation du marché des footballeurs, c'est-à-dire du système des transferts. Et 1995 fait une bonne date charnière.

La décision de la Cour de Justice de l'Union européenne marque cependant un tournant majeur, et sa portée juridique, politique et économique a été celle d'une déflagration. La Cour ne s'y était pas trompée : elle avait particulièrement veillé à la médiatisation des négociations avec les organisations sportives, et organisé le prononcé de la décision, le 15 décembre 1995, comme un spectacle en mondovision. Il s'agissait pour elle d'utiliser la visibilité du sport pour mettre en scène devant l'opinion la puissance du droit européen et sa propre légitimité.

ARRÊT BOSMAN, LA RÉVOLUTION QUI VENAIT

« Ce n'est pas le fait qu'une décision comme l'arrêt Bosman ait fini par surgir qui paraît étonnant, mais que les dirigeants fédéraux soient parvenus à freiner aussi longtemps l'application du droit européen dans le football. »

Manuel Schotté, sociologue[46]

La crise couvait en effet depuis les années 1970 entre les institutions européennes et l'UEFA[47], qui menaient de discrètes négociations, cette dernière militant en faveur de la reconnaissance d'une « exception sportive » (voir « La démission des pouvoirs publics », p. 134). S'il y a un péché originel, il a été commis par le football européen, et c'est celui d'un régime contractuel inique qui a été logiquement démantelé par la Cour. Jean-Marc Bosman, modeste footballeur belge, se présente devant elle parce qu'en 1990, son club a refusé de le libérer sans indemnité de transfert alors que son contrat était arrivé à terme. Au nom de la libre circulation des travailleurs au sein de l'Union, l'arrêt légifère toutefois bien au-delà : il entraîne l'effondrement du système de quotas de joueurs étrangers dans les équipes, quotas désormais applicables seulement pour les ressortissants non-communautaires. En résumé, la CJUE, moins soucieuse des conséquences pour les équilibres du football que de la mise en scène de l'autorité des institutions de l'Union, ébranle le marché des transferts en lui donnant une dimension résolument paneuropéenne.

« La décision de la Cour fait du sport, dans une vision incroyablement unilatérale, un espace purement économique sans en percevoir les caractères sociaux, politiques, éthiques. Réduit à une dimension purement économique, le sport devient une "affaire de riches". Le principe de la parité des chances dans les compétitions est substantiellement violé », constate dès 2002 le juriste Andrea Manzella[48]. L'arrêt Bosman abat une digue avant même que d'autres protections aient été pensées. En 2002, l'arrêt Malaja, prononcé par le Conseil d'État français (mais applicable dans toute l'Union européenne), élargit la levée des quotas à une centaine de pays – dont de nombreuses nations africaines – avec lesquels l'UE a signé des traités de non-discrimination en raison de la nationalité. Le football européen, déjà plus prospère que les autres, devient un pôle d'attraction mondial.

En pleine inflation des droits télé, alors que commencent à se creuser les écarts de ressources entre les championnats et en leur sein, les clubs les plus riches – qui devaient se limiter à trois joueurs étrangers, se partager les meilleurs joueurs du vivier national et veiller à en former eux-mêmes – peuvent du jour au lendemain recruter dans quasiment toute l'Europe, tout en voyant augmenter leur capacité de recrutement dans le reste du monde. Leur pouvoir d'investissement, souvent à perte, devient un avantage bien plus déterminant qu'auparavant dans la lutte pour acquérir du talent footballistique. La capacité d'attraction des championnats disposant de plus de moyens financiers est démultipliée, d'abord sous l'impulsion de leurs équipes les mieux nanties. Celles-ci peuvent désormais composer des armadas de joueurs, internationaux (sélectionnés dans leur équipe nationale) ou jeunes espoirs, tendant à dépouiller les clubs moyens, insuffisamment dotés en capital économique et symbolique pour retenir leurs meilleurs éléments, lesquels cèdent facilement aux promesses de rémunérations élevées et de prestige sportif.

En pointe, la Premier League se cosmopolitise, jusqu'à éclipser les joueurs locaux. En décembre 1999, Chelsea aligne contre Southampton un onze sans aucun Anglais. En février 2005, il n'y a plus de Britannique sur la feuille de match d'Arsenal, opposé à Crystal Palace. Simultanément, les montants des transferts battent des records année après année tout en accélérant la transformation des footballeurs en actifs financiers et en accroissant les écarts de puissance économique.

* * *

Ainsi s'amorce, avec ces politiques d'accaparement du talent sportif par une minorité de clubs, un mouvement qui va corréler plus étroitement les résultats sportifs à l'envergure financière (voir partie 4). Il s'agit là du premier (et du plus décisif) des mécanismes qui vont permettre aux plus riches de s'adjuger un avantage sportif sans mérite sportif. La Commission européenne, déterminée à faire respecter dans le football la libre circulation des travailleurs et la libre concurrence sur le marché intérieur, ne s'est pas inquiétée de cette distorsion de concurrence là. En réalité, rappelle le juriste Antoine Duval, elle tenta par la suite d'abolir intégralement le système des transferts, mais se heurta à l'opposition de la FIFA et des fédérations nationales, soutenues par Gerhardt Schröder et Tony Blair[49]. Les pouvoirs footballistiques ont vite pris leur parti de cette libéralisation, n'exploitant pas les possibilités de rétablir des régulations conformes au droit européen (voir « Des régulations insuffisantes », p. 125).

En levant le verrou des quotas de nationalités, l'arrêt Bosman a donc tardivement « libéré » le marché des transferts, mais aussi des tendances déjà existantes, auparavant contenues. À la fin du XXe siècle, deux dynamiques puissantes coïncident dans le football professionnel : la croissance des ressources et le mouvement de dérégulation. À leur confluence, les footballeurs vont à leur tour devenir des marchandises.

SYSTÈME DES TRANSFERTS, MARCHÉ DES JOUEURS

« *Le football est le seul cas où des jeunes, venus le plus souvent de milieux populaires, rackettent des milliardaires avec le consentement de ceux-ci.* »

Daniel Cohen, économiste[50]

L'effet de la libéralisation du marché des transferts a été immédiat et durable : leur nombre, leurs montants et le nombre de clubs concernés suivent une expansion similaire. Les seules mutations internationales (entre clubs de pays différents) connaissent une croissance de 5 % par an en moyenne entre 2011 et 2018. On en compte 11 882 en 2011, 21 764 en 2022. 2022 enregistre un record de 71 002 transferts, toutes catégories confondues. Les dépenses globales comme les transferts les plus onéreux ne cessent de battre des records, comme celui de 8 milliards d'euros de dépenses en transferts, en 2018 pour l'Europe, dont 85 % pour les seules cinq grandes ligues (Angleterre, Espagne, Allemagne, Italie et France). Les salaires ont suivi le mouvement, comme lors du premier grand moment qui avait vu les joueurs retrouver une plus grande liberté contractuelle avec l'adoption du « contrat à temps » (en France), au début des années 1970. Le coût économique des joueurs pour les clubs (transfert, salaire, primes, droits d'image voire prise en charge fiscale) a ainsi absorbé l'essentiel des revenus issus des droits de diffusion.

Il faut cependant souligner que le marché du travail des footballeurs est segmenté à l'extrême. 80 à 90 % des transferts ne font l'objet d'aucune indemnité. Les joueurs qui touchent de très hauts salaires et sont l'objet des transferts qui scandalisent sont une infime minorité. Les autres sont certes bien rétribués (en Ligue 1 en 2022, le salaire médian est de 40 000 euros bruts, le salaire moyen de 100 000 euros – 67 000 hors PSG), et ils ne sont pas à plaindre d'arriver au début de la trentaine avec un patrimoine que ne possédera jamais l'écrasante majorité des Français au moment de leur retraite.

Marquant l'immédiat après-Bosman, le « pillage » des centres de formation français est particulièrement médiatisé, autour de cas emblématiques de jeunes joueurs qui quittent leurs clubs formateurs sans l'accord de ces derniers ni indemnités de transferts, en raison des vides réglementaires : Patrick Vieira de l'AS Cannes vers l'AC Milan en 1995, Nicolas Anelka du PSG vers Arsenal en 1997, Ousmane Dabo et Mikaël Silvestre du Stade rennais vers l'Inter Milan en 1998. Le mythe du pillage survivra aux réformes des règlements nationaux et de celui de la FIFA, qui le limitèrent en obligeant à rétribuer le club formateur, puis en adoptant des mécanismes compensatoires qui lui attribuent un pourcentage sur les transferts ultérieurs du joueur. En réalité, depuis l'arrêt Bosman, le modèle économique du football français repose en grande partie sur les plus-values réalisées avec la vente des joueurs formés ou valorisés localement, au prix de son maintien – comme d'autres championnats – à un rang subalterne dans la hiérarchie européenne.

Faute de régulations comme la limitation de la masse salariale ou du nombre de joueurs sous contrat, les effectifs tendent alors à devenir pléthoriques dans les clubs les mieux dotés, quitte à compromettre la progression des jeunes, « barrés » par plus expérimenté qu'eux, et à priver de temps de jeu de nombreux joueurs, tout en empêchant d'autres clubs qui auraient pu les aligner d'en profiter – une stratégie délibérée. En conservant Gianluigi Donnarumma et Keylor Navas, deux des tout meilleurs gardiens de but au monde, le PSG a par exemple privé le football d'un d'eux durant deux saisons, tout en leur nuisant individuellement.

Pour remédier en partie à cette saturation des effectifs, la pratique des prêts se systématise : les joueurs concernés restent sous contrat, mais sont mis à disposition d'autres clubs durant une période déterminée, avec (ou sans) prise en charge (partielle ou totale) de leur salaire, assortie d'une éventuelle « option d'achat » d'un montant déterminé, que le club hôte peut lever au terme de cette période. Ils peuvent ainsi retrouver du temps de jeu… et une valeur marchande. Car ce procédé permet d'entretenir un cheptel de joueurs comme un capital autant sportif (ceux qui auront progressé peuvent revenir au bercail) qu'économique (ils pourront être vendus avec profit). Si tous types de clubs font croître leur effectif et pratiquent les prêts, le système profite d'abord aux plus riches, d'autant qu'ils étendent leur capital joueurs par d'autres procédés, comme le développement des clubs-filiales avec la multipropriété des clubs.

UN MARCHÉ DÉMULTIPLICATEUR D'INÉGALITÉS

« Les grands clubs préfèrent avoir des joueurs très chers pour qu'il n'y ait qu'eux qui puissent les acheter ».

Philippe Piat, président de la FIFPro, syndicat international des footballeurs[51].

Avec son activité frénétique et les sommes en circulation, le marché des transferts a eu un effet structurant sur le football européen, en favorisant la spécialisation des clubs professionnels selon leur rang économico-sportif, c'est-à-dire une hiérarchisation qui tend à figer ce rang. On peut schématiquement établir trois catégories de clubs selon leur fonction dans le circuit de la « production » des joueurs. À la base, les clubs « formateurs », qui ont vocation à repérer les joueurs au stade de la préformation (12-14 ans) pour les intégrer à leur centre de formation, puis en faire des joueurs professionnels et enfin les vendre à des équipes plus huppées. Plusieurs travaux de sociologie remarquables rendent compte de l'univers des centres de formation et des trajectoires des jeunes joueurs projetés dans cet univers ultra-concurrentiel qui mobilise le « discours de la vocation »[52], produit quelques histoires enchantées et laisse beaucoup d'aspirants sur le carreau, victimes du mirage de cet ascenseur social qui n'emmène au professionnalisme qu'un aspirant sur mille.

Au niveau intermédiaire, les clubs « valorisateurs » disposent eux aussi de centres de formation, mais ont la surface financière pour miser sur des jeunes issus d'autres académies – avec de meilleures perspectives de valorisation puisqu'ils vont les faire évoluer à un plus haut niveau sportif. Ces clubs peuvent réaliser d'importantes plus-values en concluant des transferts avec la troisième catégorie, les clubs « grands acheteurs », qui privilégient les footballeurs ayant déjà confirmé leur potentiel et suscitant une plus forte concurrence. Ces clubs, qui peuvent prendre plus de risques financiers, consentent les plus hauts montants de transfert, surpayant régulièrement certains joueurs sans réelle conséquence : les réussites peuvent compenser les échecs, et les pertes peuvent être absorbées. Les clubs les plus riches présentent ainsi les balances des transferts les plus largement déficitaires, même s'ils bénéficient aussi des effectifs les mieux valorisés : à ce jeu, ils ne peuvent pas vraiment perdre. Cette hiérarchie schématique doit être nuancée par le fait qu'en haut de la pyramide, ces clubs assument en réalité les trois fonctions, notamment du fait des quotas de joueurs « formés localement » (dans le club considéré ou dans son pays) imposés dans les compétitions européennes, et parce qu'il est plus rationnel économiquement (et bon pour l'image) de « produire » – former ou valoriser – au moins une partie de l'effectif.

Le parcours d'un joueur comme Ousmane Dembélé offre l'exemple d'un parcours assez typique dans ce circuit. Remarqué en catégories jeunes à Évreux, il intègre le centre de formation du Stade rennais en 2010, où il signe son premier contrat pro en 2015, se révèle lors de sa première saison, au terme de laquelle il est transféré pour 35 millions d'euros au Borussia Dortmund, qui le revend un an plus tard au FC Barcelone pour 140 millions d'euros. Sa valeur marchande, estimée à 250 000 euros à ses débuts professionnels par le site Transfermarkt, a été multipliée par 560 moins de deux ans plus tard. Rennes a effectué une belle opération financière, Dortmund une opération exceptionnelle, et c'est Barcelone qui profite sportivement du joueur.

La pression économique et celle des joueurs sont d'autant moins résistibles que les clubs formateurs et valorisateurs ont intériorisé ce fonctionnement comme normal, c'est-à-dire comme un modèle économique qui a pour effet de compromettre leurs chances de changer de statut. Par ailleurs, la course aux talents s'intensifiant, elle accorde une attention particulière aux plus jeunes, dont le potentiel de valorisation sportive et financière est plus grand. Alors qu'au début de cette nouvelle ère, les clubs formateurs conservaient leurs jeunes « espoirs » quelques saisons et les voyaient contribuer aux performances, le moment de la vente devient plus précoce. Par exemple, l'AS Saint-Étienne a successivement vendu William Saliba (18 ans, 19 matches en professionnel) à Arsenal en 2019 et Wesley Fofana (20 ans, 30 matches) à Leicester City l'année suivante. L'ASSE aura encaissé une manne bienvenue de 65 millions d'euros au total, mais sera reléguée en Ligue 2 deux ans plus tard, illustrant la difficulté croissante à construire, sur une formation performante, un projet sportif dans la durée minimale qu'il requiert. Entre-temps, le seul Wesley Fofana a été acquis par Chelsea contre 80 millions d'euros.

La recherche de l'équilibre budgétaire contraint à une gestion sportive à courte vue, sans autre ambition que le « maintien » – dans la division et dans le vert des bilans comptables – ni autre espoir qu'un alignement de planètes qui permettrait de réaliser une bonne saison. Et encore, une forme de « malédiction du vainqueur » tombe sur les outsiders qui parviennent à se qualifier pour la Ligue des champions : ils devront céder leurs joueurs les plus convoités, prendre des risques financiers pour les remplacer et peineront à gérer de front la compétition européenne et le championnat national. Les transferts constituent pour les clubs modestes une ressource économique majeure, mais un handicap sportif, alors que les plus huppés gagnent sur les deux tableaux. Pour les premiers, l'inflation salariale est un facteur de fragilisation de leur équilibre économique, alors qu'elle constitue une politique pour les seconds, qui peuvent l'assumer grâce à l'endettement ou la couverture des pertes par leurs actionnaires. La libéralisation du marché des transferts a permis de raccourcir considérablement le temps de « production d'une équipe performante » évoqué plus haut.

La fenêtre des transferts de mi-saison, le mercato d'hiver (autorisé en France à partir de 1997-1998, à la suite de l'Espagne et de l'Italie, puis généralisé en Europe), ne devait initialement permettre que des ajustements mineurs des effectifs et laisser des possibilités de mutation pour des joueurs dans l'impasse au sein de leur club. Elle est devenue une session de rattrapage pour les équipes qui ont raté leur marché estival, et exerce une pression supplémentaire sur les clubs vendeurs, poussés à céder certains de leurs meilleurs éléments en cours d'exercice. En janvier 2023, Chelsea, en difficulté dans son championnat, a dépensé 330 millions d'euros pour recruter huit joueurs, en plus des 310 millions de l'été précédent. Les dépenses des clubs de Premier League, plus puissants que jamais, se sont élevées à plus de 900 millions durant cette session hivernale. La distorsion de concurrence permettant à certains de rebattre leurs cartes sportives en pleine saison est patente, mais ne fait ciller personne.

LES FOOTBALLEURS, ACTIFS SPÉCULATIFS

« Pogba est comme un Van Gogh : qui sait ce qu'il vaut ? Son prix est celui que l'on est prêt à mettre pour l'obtenir. »

Mino Raiola, agent de joueurs[53].

Vendre et acheter des joueurs : le langage courant pour désigner ces transactions est impropre, puisque ce sont leurs contrats qui en sont l'objet. Mais ce raccourci décrit la réalité de la transformation des footballeurs en marchandises ou, si l'on préfère, en actifs financiers – comme en témoigne l'usage de l'expression « actif joueurs ». « Les joueurs ne sont pas seulement des salariés (...) mais aussi des actifs intangibles appartenant aux clubs – et inscrits comme tels dans leurs bilans », notent Didier Demazière et Morgan Jouvenet[54]. Illustré par le système des prêts, le caractère spéculatif de ces actifs s'est développé de bien d'autres manières pour constituer une activité à part entière, baptisée d'une autre expression tout aussi cynique, le « trading joueurs ».

La volonté de spéculation se traduit notamment dans le caractère fictionnel de la durée des contrats, au moment de leur signature initiale ou de leur prolongation. Malgré la photographie devenue rituelle des joueurs tenant un maillot au dos duquel est sérigraphiée l'année de l'échéance de leur engagement, peu de joueurs – du moins parmi ceux susceptibles d'être convoités – vont à ce terme. En janvier 2023, Chelsea engage l'Ukrainien Mykhaïlo Mudryk et l'Argentin Enzo Fernández jusqu'en... 2031. Un joueur en fin de contrat étant libre de s'engager avec le club de son choix, sans indemnité de transfert pour son employeur précédent, ce dernier a intérêt à éviter cette situation. Elle peut en revanche présenter un avantage pour l'intéressé, qui n'a pas besoin de l'accord de son club pour le quitter et peut négocier une importante prime à la signature[55], moyennant le risque d'une blessure grave qui le laisserait sans salaire.

Le grand bluff de la durée de contrat procède donc d'un accord tacite entre les deux parties, visant à préserver la valeur de transfert future pour le club qui a investi, cette valeur étant en partie déterminée par le critère de la durée restant à honorer. C'est accessoirement un artifice comptable permettant d'allonger l'amortissement du transfert. Dans le cas d'une prolongation de contrat, l'augmentation de la rémunération vient généralement compenser l'allongement de l'engagement. En cas de velléité de départ et d'offres d'autres clubs, les deux parties comptent sur le caractère raisonnable de l'autre pour que chacune s'y retrouve. En cas de désaccord, le « bras de fer » tourne généralement à l'avantage du joueur, que le club n'a pas intérêt à garder contre sa volonté, en le voyant perdre de sa valeur ou partir libre à la fin de son contrat. Néanmoins, le joueur est contraint par la nécessité de l'agrément de son ancien club. Si celui qu'il souhaite rejoindre fait une offre inférieure à celle d'un autre, c'est ce dernier qui a toute chance de l'emporter. Vestige de l'ancien système contractuel, un footballeur, contrairement à un salarié ordinaire, ne peut rompre unilatéralement son contrat en cours sans s'exposer à des sanctions[56].

L'activité de « trading joueurs » devient un pan de l'activité des clubs. Elle motive une partie des investisseurs qui rachètent des clubs, dans la mesure où elle offre des perspectives de profits dans une industrie où ils sont rares : les joueurs formés au club, ou acquis précocement puis exposés et valorisés sous son maillot peuvent être revendus avec d'importantes plus-values. Certains clubs en ont fait une spécialité, un choix stratégique, notamment dans les pays dont la formation est réputée : Pays-Bas, France avec l'AS Monaco ou le Lille olympique Sporting club (LOSC), Portugal, dont les équipes ont acquis une réelle habileté dans cet exercice avec d'excellents réseaux de détection… et des agents particulièrement habiles. Non sans risques sportifs. Avec une bonne génération, les résultats peuvent être au rendez-vous, mais ils sont souvent éphémères : selon la logique du trading, il faut vendre les meilleurs éléments sans tarder, ce qui condamne à rebâtir constamment une équipe, et expose à des trous d'air et à une fragilité économique chronique. Ce qu'on a coutume d'appeler le projet sportif – la construction à moyen terme d'une équipe performante, en constituant un effectif et une équipe qui évoluera selon des principes de jeu définis par le staff technique – est forcément compromis par la logique spéculative.

Une étape particulière de la titrisation des joueurs avait été franchie avec la tierce propriété (Third-party ownership, ou TPO), qui consistait à céder une partie des droits économiques d'un joueur à un ou plusieurs tiers, personnes physiques ou morales qui participent au financement de l'acquisition d'un joueur pour toucher un pourcentage sur les plus-values réalisées ultérieurement sur ses transferts, voire sur ses revenus. Cette pratique, apparue en Amérique latine au début des années 2000, très prisée au Portugal, a fini par être interdite par la FIFA en 2015, tant elle engendrait de risques, de conflits d'intérêts et d'opacité, et aboutissait au constat que le footballeur ne s'appartenait littéralement plus.

Des montages persistent cependant sous d'autres formes, notamment celle des transferts-relais qui font transiter un joueur par un club intermédiaire, à fin d'optimisation financière, comptable et fiscale. Ces fins conduisent également les clubs à toutes sortes de montages visant à dissimuler la réalité comptable des transactions. En janvier 2023, la justice italienne a condamné la Juventus Turin à un retrait de quinze points et à la suspension de onze de ses dirigeants pour des fraudes comptables sur une trentaine de transferts qui avaient permis, entre 2018 et 2021, de présenter des plus-values fictives et des comptes équilibrés.

SPECTACLE DES TRANSFERTS ET POUVOIR DE L'AGENT

« *Tout le monde peut être agent. C'est une jungle sans règles, où il y a de l'argent sale et des commissions extrêmement élevées… Il est effrayant de voir que certains empochent 20 millions pour une réunion d'une demi-heure.* »

Aleksander Ceferin, président de l'UEFA[57].

D'une manière générale, l'opacité du marché des transferts et l'encadrement insuffisant de l'activité des agents favorisent une large gamme de dérives : multiplication des intermédiaires, rétrocommissions et surfacturations, conflits d'intérêts, flux financiers transitant par des sociétés offshore et des sociétés écrans dans les paradis fiscaux, jeux d'écriture, fraude et évasion fiscale, blanchiment et corruption, etc.[58] Mais les dispositifs de contrôle de la FIFA restent notoirement déficients pour permettre d'identifier les montants réels et leurs destinataires. Le projet d'une chambre de compensation destinée à formaliser et enregistrer toutes les transactions est resté lettre morte à ce jour.

L'ouverture du marché des transferts a consacré le rôle des agents de joueurs, qui ont prospéré dans cette jungle, et dont les commissions ont augmenté en proportion. En 2018, sur les 8 milliards d'euros dépensés en transferts par les clubs européens, un milliard est allé dans l'escarcelle des agents, selon l'UEFA. En général, leur commission varie en proportion inverse du montant du transfert, avec une moyenne de 12 à 15 %, mais certains « super agents » réalisent des opérations exceptionnelles, comme les 50 millions d'euros de commission attribués à l'Italo-néerlandais Mino Raiola pour le transfert de Paul Pogba de la Juventus Turin à Manchester United, en 2016. Certains agents privilégient moins l'intérêt sportif du joueur que leur propre rémunération, trouvant intérêt à multiplier les transferts et à pousser en faveur du mouvement le plus rémunérateur pour eux. On tolère des pratiques illicites, comme la rémunération des agents par les clubs alors qu'ils ne devraient l'être que par les joueurs. Les commissions occultes ruissellent sur l'entourage des joueurs, les entraîneurs et toutes sortes d'entremetteurs (parfois des journalistes). La réforme du système des transferts engagée au début des années 2000 n'a débouché que sur des aménagements mineurs. En 2015, la FIFA, entérinant son impuissance, a même renoncé à réguler l'activité des agents en supprimant la licence obligatoire qu'elle délivrait.

En outre, si le marché des transferts, avec ses allures de foire aux bestiaux et ses montants « astronomiques », constitue aux yeux de beaucoup le symbole de l'indécence mercantile du football, il est devenu un spectacle en soi, et un volet majeur de l'actualité du football. Pour les médias, le mercato estival tombe opportunément durant la trêve des compétitions. Pour autant, les spéculations sur les possibles mouvements durent toute l'année. Les transferts alimentent une zone grise journalistique dans laquelle une rumeur devient une information. Des agents de joueurs usent de leurs relais médiatiques pour inventer l'intérêt de tel ou tel club envers leur poulain, afin de susciter cet intérêt ou faire monter les enchères. Les sites spécialisés pullulent, des insiders plus ou moins bien informés participent sur les réseaux sociaux à cette agitation frénétique et à la fluctuation des cotes.

Le système a fait la fortune des super agents aux réseaux tentaculaires et aux méthodes douteuses (Mino Raiola, Pini Zahavi, Jorge Mendes) et des directeurs sportifs stars auxquels les clubs recourent pour composer leurs effectifs et réaliser de bonnes opérations financières (Luís Campos, Antero Henrique ou Leonardo, pour n'en citer que trois passés par le PSG). Le scouting (détection) devient un secteur stratégique pour les clubs, qui étendent leurs réseaux de recruteurs et d'informateurs, recourent à la data et à des prestataires pour optimiser la détection. Dans cette nouvelle ingénierie aussi, des moyens importants permettent d'assurer une supériorité. Parallèlement, des sites spécialisés comme transfermarkt.de et des organismes de recherche (notamment le CIES, via son Observatoire du football), produisent des évaluations de la valeur de transfert des joueurs en les objectivant selon différents modèles. L'exercice intéresse de nombreux chercheurs en économie[59], qui démontrent une certaine rationalité des prix relativement aux critères sportifs et économiques.

Beaucoup de supporters se prêtent au jeu, et y adhèrent. Loin de préconiser la stabilité de l'effectif, ils sont enclins à voir dans les départs et les arrivées une solution universelle aux maux de leur équipe, entretenant ainsi l'idée que les joueurs sont des produits consommables. Ils adoptent la « croyance unanime dans les vertus sportives du transfert » que Manuel Schotté prête aux dirigeants, lesquels « le perçoivent comme un levier majeur d'amélioration des performances »[60]. La plupart des fans semblent ainsi avoir fait le deuil de l'identité locale des clubs, qu'incarnaient les joueurs issus de leur région qui accomplissaient l'essentiel de leur carrière sous le même maillot.

Certains supporters deviennent eux aussi des experts du mécano des transferts et de son lexique – bonus, clauses libératoires, options d'achat, pourcentages à la revente, amortissement, etc. Le jeu vidéo Football Manager, qui met dans la peau d'un directeur sportif, a contribué à faire entrer le système des transferts dans la culture populaire. Il y a d'autres exemples de la rencontre entre la titrisation des joueurs et la gamification des transferts. Les jeux de type Fantasy League incitent les amateurs à miser sur les performances des joueurs pour gagner des points. La synthèse la plus parlante, parce qu'elle agrège la culture des vignettes à collectionner de type Panini, celle des paris sportifs et celle de la spéculation boursière, est accomplie par les entreprises comme Sorare qui commercialisent des NFT (actifs numériques d'autant plus spéculatifs qu'ils sont adossés aux cryptomonnaies, et indexés aux performances) liés au football.

LES (GRANDS) JOUEURS, GRANDS GAGNANTS

« Je crois que [100 millions d'euros] c'est un chiffre juste. Si Manchester et le Real sont tombés d'accord sur ce chiffre, il n'y a rien à ajouter. Les grands footballeurs coûtent très cher et si tu les veux, tu dois payer. Je suis heureux d'être le joueur le plus cher du monde. »

Cristiano Ronaldo[61]

En captant l'essentiel de la croissance de leur industrie ces trente dernières années – croissance qui s'est répercutée proportionnellement sur leurs revenus –, les footballeurs en ont été les premiers bénéficiaires. Toutefois, si le débat sur l'argent dans le football se cristallise sur les montants de leurs transferts et leurs rémunérations jugées « obscènes », c'est très mal poser ce débat et faire d'eux les boucs émissaires d'un marché du travail dont ils sont les bénéficiaires, mais pas les initiateurs. Dès les débuts du professionnalisme, leur rémunération a été frappée d'illégitimité : non seulement un loisir (à vertus hygiénistes voire morales) ne la justifiait pas, mais ce désaveu était déjà empreint de mépris de classe envers une (relative) richesse issue ni de l'héritage, ni de l'institution scolaire, ni des filières méritocratiques ordinaires. L'inflation salariale a accentué cette perception. « Le salaire moyen d'un joueur professionnel est semblable à celui d'un cadre moyen en 1965, légèrement inférieur à celui d'un cadre supérieur en 1975, et légèrement plus élevé que ce dernier en 1980. C'est donc au moment où les joueurs passent devant les cadres et commentateurs du football que ceux-ci font de leurs émoluments un problème », relève Manuel Schotté[62].

Il convient pourtant de souligner à quel point il est rare que des travailleurs d'exécution captent l'essentiel de la richesse qu'ils produisent.

Libérés d'une partie des contraintes qui limitaient fortement leur mobilité, cette dernière a considérablement augmenté, leur valant le reproche récurrent d'être devenus des mercenaires. Or c'est tout le système et ses acteurs qui les poussent à cette mobilité : actifs financiers, leur circulation est encouragée par le modèle économique des clubs. Bien sûr, l'appât du gain en conduit certains à privilégier leurs revenus à leur parcours sportif. Toutefois, les mauvais choix résultent principalement des aléas de la compétition, qui sont aussi des aléas de carrière (il faut avoir du flair ou de la chance pour choisir le « bon » club au bon moment), et les joueurs à fort potentiel qui s'expatrient dans des championnats peu prestigieux mais hautement rémunérateurs sont rares – ils sont souvent en fin de carrière. Malgré des distorsions dues, par exemple, à la très forte attractivité économique des clubs anglais en regard de leur potentiel sportif, les intérêts économiques et sportifs des joueurs sont généralement alignés.

Bien plus frappante est, surtout dans un sport collectif, l'écart phénoménal entre la valeur des uns et celle des autres y compris, parfois, dans la même équipe. « Limitées jusqu'aux années 1960, les inégalités salariales n'ont cessé d'augmenter depuis, entre divisions et à l'intérieur de celles-ci : tandis que le rapport entre le salaire plus faible et le plus élevé était, parmi les clubs de l'élite française, de 1/36 en 1979, il est dorénavant d'environ 1/600 », relève Manuel Schotté[63]. On renvoie au chapitre « La production de la grandeur footballistique » de son ouvrage, production que le sociologue décrit comme résultant plus de « constructions symboliques » et d'« investissements conjugués de tous les acteurs du football » que d'une équivalence entre talent et valeur économique. Il y va en effet d'une pensée un peu magique, qui assigne aux grands joueurs le pouvoir de « remporter un match à eux seuls », sur un éclair de génie. Dans un sport aussi aléatoire, cette capacité à faire la différence peut effectivement être décisive… à condition de disposer d'une équipe collectivement performante. La politique du casting du PSG a ainsi maintes fois montré ses limites, malgré l'empilement de stars.

La survalorisation des joueurs jugés exceptionnels résulte pour une part de la tendance à l'individualisation des performances (mesurées en statistiques et trophées personnels) et d'une starification accrue dans le régime médiatique contemporain. Mais, surtout, de leur rentabilité économique dans ce régime : leur notoriété planétaire est convertible par les clubs en visibilité, en contrats de sponsoring, en recettes de billetterie, en influence sur les réseaux sociaux. Acquérir les meilleurs joueurs ne confère pas seulement à un club un avantage compétitif (potentiellement) décisif sur le terrain, mais aussi un avantage compétitif (assurément) décisif en moyens économiques, ce qui permet de poursuivre l'amélioration des moyens sportifs : c'est là l'un des nombreux cercles « vertueux » qui – en liant toujours plus étroitement ressources sportives et ressources économiques, en corrélant plus étroitement puissance financière et résultats sportifs – ont contribué à l'enrichissement des plus riches.

* * *

L'étude du système des transferts et de sa transformation sous l'effet de la dérégulation issue de l'arrêt

Bosman révèle donc quelques paradoxes. D'un côté, elle souligne « l'étonnante banalité du droit de propriété sur un travailleur » et le maintien des footballeurs « sous la coupe d'un régime contractuel particulièrement contraignant »[64]. De l'autre, elle marque leur « position désormais centrale dans la répartition des richesses », au sein de cet espace où ils avaient été longtemps dominés. Enfin, elle diagnostique l'effet majeur de la nouvelle répartition du talent sportif sur le creusement des écarts de puissance sportive et économique entre les clubs.

Au fil des première et deuxième parties de cet ouvrage, on a donc exposé les changements économiques et réglementaires qui, alimentés par la très forte croissance de l'industrie du spectacle footballistique, ont enclenché – logiquement, sinon naturellement – une dynamique inégalitaire déjà puissante en soi. La partie suivante aborde tous les mécanismes – parfaitement artificiels, eux – qui se sont conjugués pour mettre en œuvre un vaste programme d'accroissement des inégalités.

Balances des transferts les plus négatives de 2013 à 2022

Top 20 en millions d'euros, bonus compris / Source : CIES

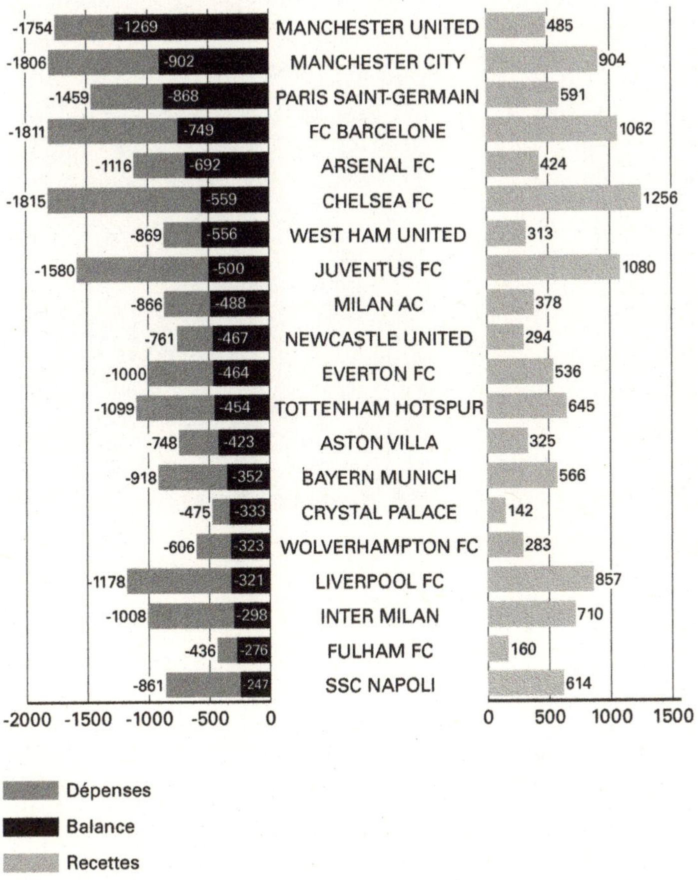

Places de demi-finaliste en C1
1985-1996

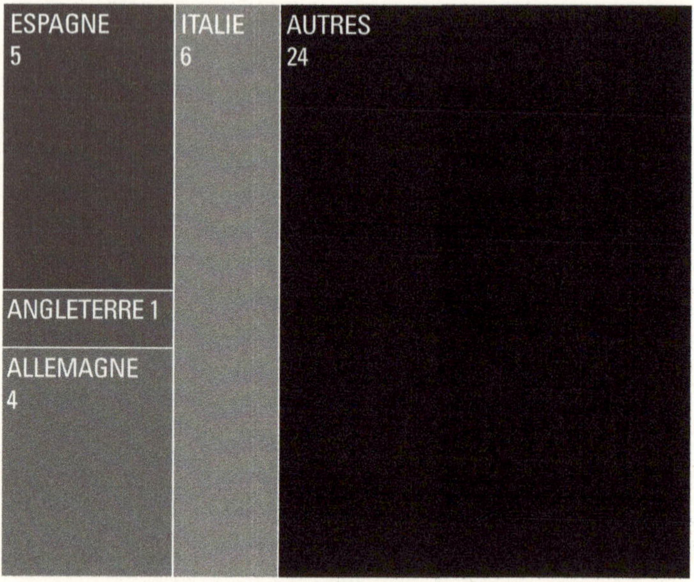

N.: pas de demi-finale en 1991/92 et 1992/93

Places de demi-finaliste en C1
1997-2006

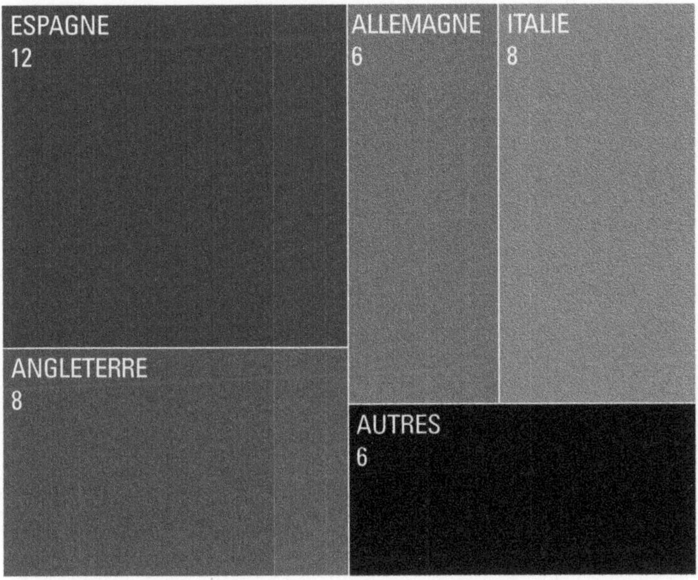

Places de demi-finaliste en C1
2007-2016

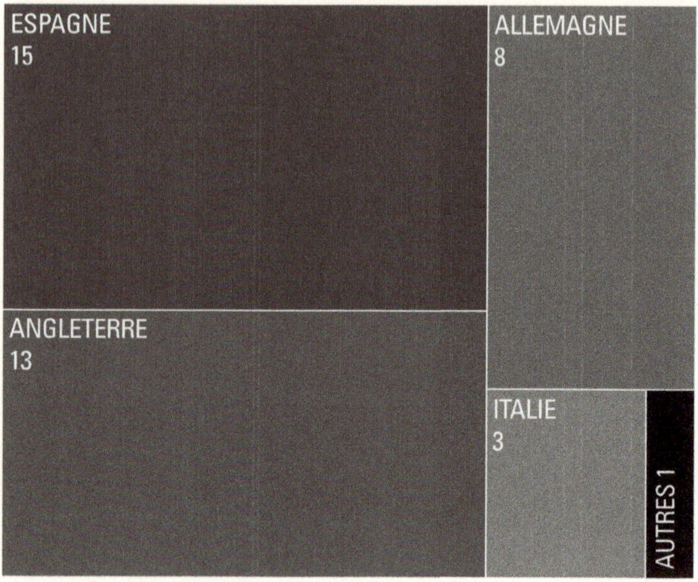

Revenus moyens des clubs anglais des deux premières divisions 2019-2020

en millions d'euros / Source : Deloitte

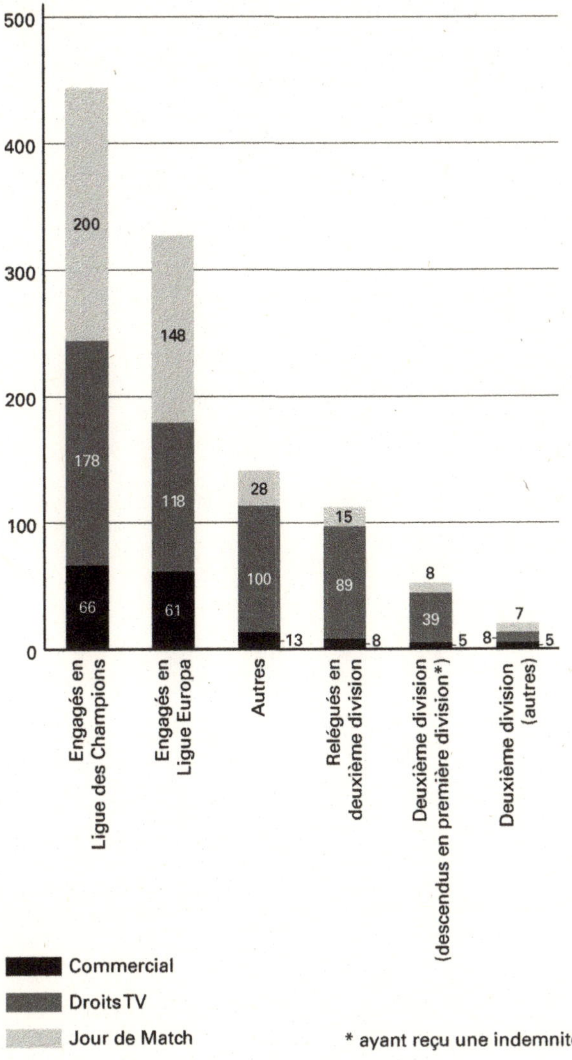

* ayant reçu une indemnité « parachute »

3.
LA MACHINE INÉGALITAIRE

On pourrait penser que les transformations de l'économie du football, pour l'essentiel dues aux facteurs « externes » exposés dans les parties précédentes – croissance spectaculaire des ressources, transformation en industrie du spectacle, dérégulation du marché du travail – auraient produit suffisamment de mécanismes de creusement des inégalités pour que l'on veille à ne pas en ajouter, ou même pour que les pouvoirs sportifs et publics envisagent de les contrebalancer avec de nouvelles régulations. Les clubs les plus institutionnels – dotés d'une histoire longue, d'un palmarès, d'une notoriété internationale, de supporters nombreux, de grands stades – étaient déjà en position très favorable pour capter une plus grande part des nouvelles ressources générées et conforter leur domination.

C'est le phénomène inverse qui s'est produit. Non seulement les efforts de régulation ont été notoirement insuffisants pour enrayer cette dynamique, mais on a assisté à un empilement de dispositifs inégalitaires à tous les niveaux de l'économie du football et de son organisation, d'importances variables mais toujours convergents, qui sont venus la renforcer et en démultiplier les effets. Au point que tous les clubs institutionnels, selon les critères décrits ci-dessus, n'en ont pas bénéficié et que certains ont même déchu, tandis que d'autres se hissaient au sommet. Au point, surtout, de contribuer à former artificiellement une hyper-élite intouchable, de plus en plus avide et cherchant à figer définitivement son hégémonie économique et sportive.

LA RÉPARTITION DES RESSOURCES, NERF DE LA GUERRE

« Il faut en finir avec la lutte des classes dans le football. »

Jean-Claude Darmon[65].

L'intense croissance de la manne des droits de diffusion a très vite soulevé la question cruciale de sa distribution. Tant que les montants restaient modestes, le principe de parts identiques, conforme à l'égalitarisme des compétitions (tout le monde part sur la même ligne) n'était pas discuté. Les clubs les mieux armés revendiquent alors une clé de répartition plus avantageuse pour eux en développant un discours de justification laborieux, mais relayé avec complaisance : « Il faut récompenser ceux qui investissent », « Nos clubs contribuent plus que les autres à la valeur des droits », « Nous sommes ceux qui prennent le plus de risques », etc. En somme : il faut faire aller l'argent à ceux qui en ont déjà le plus, un principe qui défend « l'élitisme » comme une philosophie légitime et constituera le mot d'ordre des années à venir.

« Quand les riches s'appauvrissent, les pauvres crèvent. Il faut donc plus d'argent pour les clubs riches et les clubs pauvres », ose en 1999 Jean-Claude Darmon (patron du groupe de marketing sportif qui porte son nom, pionnier de la publicité et du marketing dans le football français, systématiquement désigné comme son « grand argentier »), adepte de la théorie du ruissellement et du droit des pauvres à survivre[66]. C'est encore Jean-Michel Aulas, président de l'Olympique lyonnais depuis 1987, qui incarne le mieux ce militantisme patronal en défendant avec constance la thèse de « l'élitisme », dans des termes qui en disent bien la nature : « Il faut accepter l'inégalité de l'élitisme, sinon nous serons tout petits. » ; « L'élitisme a aussi des valeurs qui permettront de faire progresser la masse. » ; « Désormais, le mot d'ordre va être plus d'élite et moins de football de masse. »[67]

Le combat fait rage au début des années 2000 en France, au sein de la Ligue du football professionnel. Son président d'alors, Noël Le Graët, futur président de la Fédération française de football (FFF)[68], défend une répartition égalitaire contre les dirigeants des « grands » clubs, qui finissent par obtenir sa tête en juillet 2000 en même temps qu'une clé de répartition plus avantageuse. Dès le contrat 2001-2004, en forte augmentation alors que la guerre commerciale fait rage entre les télévisions à péage Canal+ et TPS (groupe TF1), la part des droits répartis équitablement passe de 91 % à 73 %, le reste l'étant en fonction du classement du championnat précédent, créant un premier effet de renforcement – encore mineur et justifiable puisque lié à un mérite sportif. Le combat pour obtenir de plus grosses parts d'un gâteau plus gros ne fait que commencer.

En 2001, les « gros » poussent l'idée d'une « copropriété » des droits avec la FFF, afin de contourner leur gestion collective par la Ligue et de leur permettre de négocier individuellement avec les diffuseurs. Ce principe, longtemps en vigueur en Espagne pour le plus grand profit du duopole Real Madrid-FC Barcelone qui se partageait la moitié du total (principe abandonné en 2015), ne sera pas adopté, mais il marque une volonté de faire exploser la gestion collective des droits – menaces de recours auprès de la Commission européenne à l'appui. Christophe Bouchet, récent président de l'OM, fait feu de tout bois dès 2002 pour obtenir cette propriété individuelle. Lui et ses alliés promeuvent un nébuleux critère de « notoriété », indexé sur le nombre de diffusions télévisées de chaque club, et qui doit rogner la part du mérite sportif (classement). « Non seulement [l'OM] ne reçoit pas une rétribution à la hauteur de sa notoriété, mais c'est même le contraire qui se produit. [...] Cet argent serait mieux utilisé en entretenant des locomotives. » Son homologue du PSG Laurent Perpère est en ligne : « La solidarité, c'est bien mais, à force d'égalitarisme, on va tuer le football français. Il n'y a que quelques clubs qui tirent les audiences et les investissements. [...] Le PSG et l'OM investissent pour le spectacle et ne sont pas récompensés »[69]. Or ces années 2000 sont marquées par la gestion sportive et économique erratique des deux « locomotives » présumées du championnat de France. Pour leurs dirigeants, il s'agit d'être « récompensés » à la mesure de l'argent gaspillé, et « entretenus » par les ressources collectives au motif d'une « notoriété » en partie alimentée par la chronique de leurs déboires.

Une nouvelle clé de répartition est adoptée en mai 2003 : 50 % à parts égales, 30 % au classement de la saison, 20 % au nombre de diffusions. Le critère est défendu par Alain Cayzac, président du

PSG : « Les clubs les plus diffusés ne sont certes pas les plus brillants sportivement, mais chaque club a ses atouts et ses faiblesses. »[70]. L'atout du PSG et de l'OM, c'est que les diffuseurs continuent à les programmer quels que soient leurs résultats. Avec cette prime aux plus riches plutôt qu'aux meilleurs, la logique économique des droits de diffusion s'impose à la logique sportive pour accroître les différences de revenus. L'épisode du « Club Europe » illustre cette « guerre de la répartition » des années 2000. Jean-Claude Darmon est en février 1999 derrière la création de ce groupement d'intérêts qui allie Paris, Marseille, Lyon, Lens, Nantes, Bordeaux et Monaco à Canal+ et au groupe Darmon, officiellement pour développer les revenus liés au multimédia et au numérique. En réalité il s'agit, d'une part, de confier au groupe Darmon la gestion des droits télé des clubs membres, si ces droits étaient individualisés, et de les attribuer à Canal+. D'autre part, de se partager un pactole de 250 millions sur sept ans, versé par Canal+ au titre d'option sur ces droits. En 2003, le contrat est rompu et le Club Europe démantelé à l'initiative de Canal+, qui paie très cher des droits virtuels. Entretemps, les six clubs auront touché 160 millions d'euros en catimini.

Par la suite, alors que les droits continuent d'augmenter, la clé de répartition est régulièrement renégociée, toujours à l'avantage des grands clubs. Pour le cycle 2008-2012 par exemple, en fléchant un peu plus vers eux la part calculée sur les diffusions, et en favorisant la Ligue 1 au détriment de la Ligue 2. Plus subtilement, la part calculée sur le classement l'est désormais en partie sur les cinq saisons précédentes. Ce lissage est aussi un lissage des aléas, malgré ses apparences de récompense du mérite sportif : une grande écurie sera peu sanctionnée d'une mauvaise saison, une plus modeste peu gratifiée d'une bonne saison. Si le mérite devait vraiment être récompensé, c'est la logique inverse qui devrait s'appliquer[71].

En 2022, les clubs français – doublement fragilisés par la crise pandémique et par le défaut de son nouveau diffuseur Mediapro en pleine saison – doivent se partager 1,5 milliard d'euros issus de la cession de droits au fonds CVC Capital Partners. « Nous n'allons pas aller vers une répartition plus solidaire des revenus, au moment où nous n'avons jamais eu si peu d'argent… En période de crise, nous n'avons qu'une priorité : sauver nos locomotives coûte que coûte. Sinon, nous n'aurons plus de championnat, donc plus de recettes », justifie le président de la LFP Vincent Labrune[72]. Le PSG (qui n'a pourtant pas besoin d'être « sauvé », sinon de lui-même) aura touché 200 millions d'euros, soit 17 % du total. Lyon, Marseille, Nice, Lille, Rennes et Monaco au moins 80 millions chacun ; les treize autres clubs 33 millions. « L'idée c'est : on donne du cash tout de suite aux petits pour les calmer et on répartit le pouvoir et l'argent au sommet », résume le consultant Pierre Maes[73].

* * *

Au nom d'une conception du « mérite » qui ne repose plus sur les performances sportives et d'une théorie du ruissellement vers le haut, le principe d'une répartition de plus en plus inégalitaire des ressources produites collectivement se généralise. Tout le contraire d'une fiscalité redistributive : une fiscalité inversée au profit des plus riches, qui postule que ceux-ci « créent » les richesses, alors qu'ils les accaparent. Dans les championnats nationaux, si la

Premier League s'offre le luxe d'une distribution relativement équitable, avec un ratio de 1,6 entre ce que perçoivent le premier et le dernier, ce ratio s'élève à 2,7 en Italie, 3,1 en Allemagne et en France, 3,5 en Espagne (en 2022). Et ce n'est là, pour les grands clubs, qu'une partie de l'ensemble des droits de diffusion : la Ligue des champions va perfectionner ce principe.

LA LIGUE DES CHAMPIONS, FORMATÉE POUR L'ÉLITE

« *Les changements de formats initiés depuis 1992 n'ont eu pour objectif que de réduire l'incertitude sportive et d'accroître les revenus de la compétition.* »

Boris Helleu, économiste[74].

En 1992, la Coupe des clubs champions européens est rebaptisée Ligue des champions. Le changement n'est pas seulement cosmétique, puisqu'il lance une phase d'expérimentations sur la formule de la compétition, phase qui va durer jusqu'au début d'une longue période de stabilité (2003-2024). Il lance surtout la transformation de la « C1 » en formidable machine à produire des inégalités par l'addition de mécanismes qui vont tous dans ce sens : formule de la compétition, modalités de qualification et système de redistribution des revenus.

Dès la saison 1991-1992, la Ligue des champions abandonne le principe du tournoi intégralement disputé par confrontations à élimination directe (à chaque tour, deux équipes s'affrontent par matches aller-retour, le perdant étant éliminé). Une phase de groupes (ou poules, dans chacune desquelles s'affrontent quatre équipes, les deux premières – généralement – étant qualifiées). Au début des années 1990, l'UEFA est certes contrainte d'absorber les nouvelles fédérations issues de l'éclatement du bloc de l'Est – 16 adhèrent entre 1990 et 1994. Mais les phases de groupe, en offrant plus de matches au total, ont surtout une double vertu : satisfaire les télévisions en étoffant leurs programmes (et en les incitant à payer plus) ; garantir plus de matches (donc plus de recettes) à chaque équipe. Un groupe de quatre assure six matches à chacune d'entre elles et leur épargne le spectre de l'élimination précoce propre à l'ancienne formule.

Les groupes, en réduisant les aléas, jouent le rôle de « filtre » qui retient les clubs les plus modestes et laisse passer les plus huppés. Ceux-ci peuvent rater un ou deux matches, mais se rattraper et se qualifier quand même – d'autant que la composition des groupes les préserve en les répartissant dans les « premiers chapeaux » des tirages au sort. La phase de groupes devient ainsi une sorte de championnat exhibition qui ne peut ménager que de rares surprises, avant que les favoris se retrouvent au printemps dans la phase à élimination directe.

Formules de la Ligue des champions

Jusqu'en 1990-1991
seizièmes de finale > huitièmes de finale > quarts de finale > demi-finales > finale

1991-1992 – 1992-1993
16e > 8e > 2 groupes de 4 > finale

1993-1994
16e > 8e > 2 groupes de 4 > demi-finales > finale

1994-1995 – 1996-1997
4 groupes de 4 > quarts de finale > demi-finales > finale

1997-1998 – 1998-1999
6 groupes de 4 > quarts de finale > demi-finales > finale

1999-2000 – 2002-2003
8 groupes de 4 > 4 groupes de 4 > quarts de finale > demi-finales > finale

2003-2004 – 2023-2024
8 groupes de 4 > huitièmes de finale > quarts de finale > demi-finales > finale

2024-2025 – ...
Mini-championnat de 36 équipes réparties en 4 chapeaux de 9 équipes > huitièmes de finale > quarts de finale > demi-finales > finale

Après quelques tâtonnements, la confédération retient à partir de 1994 le principe d'une phase de groupes précédant la phase à élimination directe. Elle pousse toutefois le bouchon un peu trop loin à partir de la saison 1999-2000 en faisant se succéder deux phases de groupes : huit groupes de quatre, puis quatre groupes de quatre. Le nombre de rencontres augmente, mais l'intérêt de cette interminable compétition se dilue inexorablement, avec pour sanction une baisse des audiences dans de nombreux pays. L'UEFA fait machine arrière en 2003-2004 et adopte la formule encore en vigueur aujourd'hui : huit groupes de quatre, puis tableau final à partir des huitièmes de finale (aux allers-retours près, la même formule canonique que celle de la phase finale de la Coupe du monde).

Un autre tournant majeur s'est produit auparavant, à partir de 1997-1998, lorsque la Ligue des champions usurpe son propre nom en invitant les deuxièmes des principaux championnats, puis les troisièmes voire quatrièmes – en fonction du coefficient UEFA (indice de performance calculé sur plusieurs saisons) des nations. L'idée est d'améliorer la qualité et le prestige du plateau, quitte à dévaluer et appauvrir résolument la Coupe de l'UEFA, l'autre coupe d'Europe. Pour la première fois, si l'on excepte le cas des tenants du titre qualifiés d'office, des équipes d'un même pays peuvent s'affronter et même se retrouver en finale. Cela se produit pour la première fois en 2000 (Real Madrid-Valence CF), puis à sept reprises lors des 22 éditions suivantes, soit près d'une fois sur trois.

À partir de la saison 2018-2019, les quatre championnats les mieux classés à l'indice UEFA (Premier League, Liga, Bundesliga et Serie A) qualifient directement quatre représentants chacun, soit… la moitié des 32 participants. Autant dire que les clubs monopolistiques ou duopolistiques dans leurs championnats nationaux, comme le Bayern Munich, le PSG, la Juventus, le Real Madrid et le FC Barcelone, se voient offrir un ticket presque garanti. La réforme promue par Michel Platini, alors président de l'UEFA, appliquée à partir de la saison 2009-2010, ne corrige que marginalement cette concentration : les représentants des « petits » pays sont à peine plus nombreux, et ne performent pas mieux[75]. Sur le cycle 2021-2024, les 50 championnats hors du « Big 5 » se disputent de 9 à 12 places seulement. La formule qui sera inaugurée en 2024 abaissera ce quota à 8.

Si la Coupe des clubs champions européens (baptisée C1, et qui deviendra donc la Ligue des champions) a été la première et la plus prestigieuse d'entre elles, la Coupe des vainqueurs de coupe (C2) et la Coupe de l'UEFA (C3) avaient leur propre prestige. À partir de 1992, la suprématie de la Ligue des champions, produit premium, devient un choix. La suppression de la C2 en 1999 lui laisse plus de place, tandis que la C3, transformée en Ligue Europa en 2009, devient une compétition de second rang. Cette hiérarchisation est confirmée en 2021 avec le lancement de l'Europa Conference League, clairement conçue comme une troisième classe, voire une troisième division : elle poursuit l'évolution vers un championnat transeuropéen et pyramidal. Pour la saison 2019-2020, les montants versés aux participants à la Ligue des champions sont quatre fois supérieurs à ceux versés aux participants à la Ligue Europa, qui sont deux fois plus nombreux. L'UEFA a pourtant amorcé, à ce moment, un rééquilibrage : le parti pris reste foncièrement élitiste.

PRIMES À LA RICHESSE ET RÉTRÉCISSEMENT DE L'ÉLITE

« Nous devrons faire très attention et éviter à tout prix de donner l'impression d'être un cartel. »

E-mail des dirigeants de Manchester City
après la révélation d'une réunion
secrète entre grands clubs[76].

La Ligue des champions connaît elle aussi une intense croissance de ses revenus télévisuels. Les sommes redistribuées aux clubs passent de 96 millions d'euros en 1996-1997 à 2 milliards en 2021-2022, soit une multiplication par vingt. Cette manne constitue en soi un puissant levier de creusement des écarts de revenus entre les participants réguliers et les autres. Cela ne suffisant manifestement pas, un procédé particulièrement pernicieux est introduit : le « Market Pool », part très importante (45 %) redistribuée à proportion… des droits télévisuels payés par chaque pays à l'UEFA. Les clubs sont donc récompensés par la puissance de leur marché intérieur des droits sportifs, déterminée pour chaque pays par la population des téléspectateurs, la concurrence entre opérateurs nationaux et les moyens de ces derniers. À parcours égal, deux clubs peuvent donc enregistrer des différences de rémunération considérables. Par exemple, en 2009-2010, pour le même parcours jusqu'aux quarts de finale, Manchester United aura touché près de 29 millions d'euros de Market Pool, Bordeaux 11,9 millions et le CSKA Moscou 4,8. La saison suivante, le Bayern Munich, éliminé en huitième de finale, perçoit 50 % de plus que le Shakhtar Donetsk qui est pourtant allé en quarts. Et, pour le même parcours que le club ukrainien, Chelsea encaisse carrément le double[77].

Le Market Pool constitue une véritable prime à la richesse, au travers de laquelle l'UEFA privilégie une logique purement économique : celle de ses propres revenus. Le système pénalise lourdement les grands pays de football qui ont le malheur d'être de petits marchés de consommateurs, et donc de droits télé. Les Pays-Bas, le Portugal, la Belgique, la Turquie, l'Écosse ou la Grèce décrochent brutalement. Certains ont parfois envisagé de regrouper leurs championnats pour reconstituer un poids démographique – ligue du Benelux, ligue « atlantique », ligue scandinave… Au dernier rang du « Big 5 » européen, la France profite de cette pondération malgré un palmarès et des performances médiocres dans les coupes européennes, les diffuseurs payant cher les droits. Sur la période 2003-2010, ses clubs ne touchent certes que la moitié de leurs homologues anglais, mais le double des clubs néerlandais, à la sixième place.

Plus les années passent, plus les parcours sportifs s'alignent sur la hiérarchie du Market Pool, au point de le rendre superflu. Au milieu des années 2010, la part réservée au Market Pool est réduite, d'abord de 45 à 40 % à partir de 2015-2016, puis à 15 % quelques saisons plus tard, essentiellement au profit d'une part calculée sur les performances lors des saisons précédentes. À partir de 2018-2019, cette part liée à la performance porte sur dix saisons, une manière très efficace de faire croire à la récompense du mérite sportif et de la régularité, alors que l'effet est – comme dit plus haut à propos des droits de la Ligue 1 – celui d'un amortisseur à l'avantage des clubs dominants. Si l'un d'eux se rate une ou deux saisons (non-qualification, élimination précoce), sa rémunération future sera peu diminuée. Inversement, un outsider qui s'arrache à sa condition et effectue de beaux parcours ne bénéficiera pas d'une prime pour sa surperformance. Au moment de la réduction du Market Pool, le mal est fait : la dynamique inégalitaire a produit des effets pérennes. Entre 2003 et 2012, dix clubs ont capté 45 % des revenus de la Ligue des champions distribués par l'UEFA, le reste se dispersant entre les 85 clubs qui ont participé à la compétition. Entre 2013 et 2019, la proportion, pour les dix clubs les mieux servis, s'élève à la moitié de l'enveloppe globale[78]. D'une période à l'autre, leur part annuelle moyenne a quasiment doublé, de 25,6 à 55,1 millions d'euros.

Le résultat de cette puissante dynamique est parfaitement logique, mais n'en est pas moins spectaculaire : un rétrécissement radical de la Ligue des champions, son accaparement par une poignée de clubs issus des quatre championnats les plus riches. En prenant pour références les 23 saisons de Ligue des champions avec les 23 saisons précédentes de Coupe d'Europe des clubs champions – c'est-à-dire les périodes 1969-1970 à 1991-1992, et 1992-1993 à 2014-2015 –, nous avons examiné les présences en quart de finale. Le nombre de clubs représentés à ce stade passe de 78 à 51, et le nombre de pays de 25 à 18 (malgré la multiplication des fédérations affiliées à l'UEFA). 28 clubs sont présents sur les deux périodes, 50 ont disparu de l'un à l'autre. Là où la représentation des clubs en quarts de finale de la Coupe d'Europe des clubs champions se dispersait dans une élite assez élargie, la Ligue des champions dégage nettement quatre clubs à son sommet : FC Barcelone, Bayern Munich, Real Madrid et Manchester United. Sur cette période 1993-2015, ils comptent chacun 13 à 14 quarts de finale et totalisent la moitié des titres attribués. Quatre pays (Espagne, Angleterre, Italie et Allemagne) s'adjugent 127 des 184 places en quarts de finale de la Ligue des champions (70 %). Pour atteindre cette proportion, il fallait 10 pays en Coupe d'Europe des clubs champions de 1970 à 1992. Le Danemark, la Roumanie, la Bulgarie, l'Autriche, la Suisse, la Hongrie, la Finlande n'ont plus jamais atteint les quarts de finale de la Ligue des champions. Les clubs belges, qualifiés à ce niveau à 11 reprises, ne l'ont plus été que deux fois. Cet indicateur passe de 9 à 1 pour les clubs écossais.

Si l'on étudie la composition des demi-finales sur trois périodes (1985 à 1996, 1997 à 2006 et 2007 à 2016), le nombre de pays « autres » (qu'Angleterre, Espagne, Italie et Allemagne) passe de 24 à 6 puis 1 sur 40 places. Entre 2007 et 2016, les représentants des quatre grands ont donc trusté 39 places de demi-finaliste sur 40. Depuis sa création les clubs issus de ce « Big 4 » ont remporté 27 des 30 titres en jeu. Et encore, deux des trois autres sont ceux de l'OM et de l'Ajax au tout début de la période (1993 et 1995) et la dernière exception date de 2004 avec le FC Porto, opposé en finale à un autre outsider, l'AS Monaco. Significativement, ce fut lors de la saison suivant l'abandon de la double phase de groupes.

On a donc assisté à un effondrement de la diversité des nations et des clubs en Ligue des champions. La carte des participants à l'édition 2022-2023 indique à quel point son centre de gravité s'est déplacé vers l'Atlantique : Naples est le quatrième club le plus oriental, et seul le Shakhtar Donetsk est au-delà de ce nouveau rideau de fer[79] qui isole un vaste bloc de l'Ouest auquel ne manque que la Suisse, le Pays de Galles, l'Irlande, l'Islande et le Luxembourg.

Au cours des dernières années, cette hégémonie a été marginalement amoindrie par l'émergence de « nouveaux riches », Manchester City et Paris Saint-Germain, ou de Tottenham, finaliste en 2019. Des outsiders comme l'Ajax Amsterdam (2019), l'Olympique lyonnais et le RB Leipzig (2020) ou Villarreal (2022) parviennent à se hisser en demi-finale. En 2020, l'épidémie de Covid a probablement contribué à ces surprises, avec des quarts et des demies disputées sur un seul match lors d'un « Final 8 » à Lisbonne, en août, après une saison très perturbée qui avait amené les équipes à des états de fraîcheur physique très disparates. Les esprits naïfs n'y voient pas les exceptions qui confirment la règle, mais la preuve que « l'argent ne fait pas tout », qu'un beau projet de jeu peut permettre de surclasser une équipe mieux dotée. Le cas de l'Ajax, superbe demi-finaliste en 2019, les contredit cruellement : le quadruple vainqueur de l'épreuve n'était plus parvenu à ce stade depuis 22 ans. La suivante, après que son effectif eut été allégé de ses meilleurs joueurs, il ne parvenait pas à sortir de son groupe. Qui se souvient que lorsque les Néerlandais remportaient leur quatrième C1 en 1995, le Barça n'en comptait qu'une à son palmarès ? Il en est aujourd'hui (2022) à cinq… avec un budget près de huit fois supérieur à celui de l'Ajax.

Chaque année, un ou deux non-membres du top 20 économique accèdent sporadiquement aux quarts de finale – au cours des dernières éditions : Porto, Wolfsburg, Benfica, Leicester City, Monaco, Séville, Ajax, Atalanta Bergame, etc. Quasiment aucun ne parvient à rééditer l'exploit, mais ils entretiennent l'illusion d'une compétition encore ouverte. Cette illusion est favorisée par un autre facteur : l'incertitude sportive redevient forte lors de la phase à élimination directe… c'est-à-dire une fois l'écrémage assuré, quand les cadors se retrouvent entre eux. Avant le Real Madrid (2016, 2017, 2018), aucun vainqueur n'a réussi à conserver son titre la saison suivante. Après le long purgatoire de la phase de groupes, après la trêve hivernale, le printemps apporte l'enjeu, le prestige et le spectacle sur un plateau d'argent.

* * *

Dans cette translation de trente ans, le principe de la coupe, celui de l'élimination directe, a été progressivement marginalisé. Alors que la sélectivité extrême de la Coupe des clubs champions européens et les facéties des tirages au sort produisaient un haut degré d'incertitude, la Ligue des champions est devenue une entreprise de réduction de l'aléa sportif : phase de groupes, têtes de série, qualification des quatre premiers de chacun des quatre grands championnats, répartition inéquitable ont contribué à former une compétition réservée à une caste de clubs qui se disputent son titre et s'approprient ses revenus.

La Ligue des champions, qui assure une visibilité et une notoriété mondiales, aura été l'instance de consécration de cette oligarchie, au service de laquelle s'est mise l'UEFA. Celle-ci peut toujours prétendre avoir affronté des forces trop puissantes, elle ne leur aura opposé qu'une vague résistance, vaincue d'avance et cédant toujours quand elle n'anticipait pas leurs demandes. Les réformes de la C1 ont de plus en plus été négociées en coulisses avec les clubs, et la confédération européenne s'est même compromise dans un des projets de ligue privée, comme l'ont révélé les Football Leaks. Qui, au sein de l'UEFA, aurait pu contester une politique qui enrichissait considérablement l'instance ?

LE « MÉRITE » SELON L'ÉLITE : ENRICHIR LES PLUS RICHES

« *L'élitisme profite à tout le monde.* »

Jean-Michel Aulas, président de l'OL.[80]

L'adhésion au principe élitiste, à la dynamique inégalitaire qu'illustrent les évolutions de la Ligue des champions conduira à la promotion implicite d'une « Super Ligue » privée, stade oligarchique ultime destiné à la fois à succéder à la Ligue des champions et à supplanter les championnats nationaux (voir chapitre suivant). Faute d'être discutée, faute même d'être consciente dans les esprits, cette adhésion a aussi créé une disposition générale qui a permis d'adopter un ensemble d'autres mécanismes inégalitaires. Ceux-ci ont – à de moindres degrés – contribué à accentuer les écarts de puissance économique et sportive, démontrant surtout que cette idéologie élitiste a acquis une forme d'hégémonie culturelle, devenant un principe de gestion.

Au cours des années 2000, un contentieux a opposé les clubs (surtout les plus riches) à la FIFA et l'UEFA autour de l'indemnisation des joueurs internationaux mis à disposition des sélections nationales, indemnisation revendiquée par les premiers, s'estimant lésés d'être régulièrement privés de joueurs dont ils aimeraient être les propriétaires exclusifs de la force de travail. Les règlements de la FIFA les obligent en effet à libérer leurs salariés appelés en sélection pour disputer des rencontres amicales, de qualification ou de phase finale (Coupe du monde, Championnat d'Europe des nations, Copa América, Coupe d'Afrique des nations, etc.). Leur frustration a été alimentée par plusieurs facteurs : le constat que les confédérations gagnaient de plus en plus d'argent avec les compétitions de sélections nationales ; le fait que leurs joueurs leur coûtaient de plus en plus cher ; le contexte d'une « guerre des calendriers » due à la concurrence entre tous les organisateurs (ligues et confédérations) pour multiplier les compétitions et les matches, qui a exacerbé les tensions entre football de clubs et football de nations.

Mené par le G-14, lobby des « grands » clubs européens créé en 2000, avec des porte-parole comme les entraîneurs français Gérard Houllier (Liverpool puis Lyon) et Arsène Wenger (Arsenal), ce combat mobilise des arguments particulièrement fallacieux. La fatigue et les blessures des joueurs sont par exemple systématiquement imputées à leurs matches en sélection, pourtant bien moins nombreux que leurs matches en club. Arsène Wenger attribue ainsi une blessure de Thierry Henry survenue en avril 2007 avec Arsenal à sa participation à une rencontre de l'équipe de France… en août. L'entraîneur ne se cache pourtant pas de sursolliciter ses meilleurs joueurs, auxquels il n'accorde quasiment jamais de répit. De la même manière, les clubs déplorent les déplacements parfois lointains des sélections, alors qu'eux-mêmes commencent à organiser des tournées estivales ou hivernales en Asie et aux États-Unis à des fins purement lucratives. En réalité, ils se plaignent… de la concentration dans leurs effectifs des meilleurs joueurs du monde, la plupart internationaux. Ils occultent aussi que l'exposition de ces joueurs avec leur sélection et leur statut même d'internationaux contribuent à la valorisation de ceux-ci.

La FIFA, à partir de la Coupe du monde 2010, et l'UEFA, à partir de l'Euro 2008, acceptent d'indemniser les clubs au prorata du nombre de joueurs et de jours de mise à disposition. Ce système, préféré à un dispositif assurantiel qui n'aurait concerné que les joueurs blessés durant ces compétitions, consiste moins en une « indemnisation » qu'en une nouvelle prime aux plus riches. Même si les montants sont relativement modiques en regard du budget des clubs, leur redistribution profite mécaniquement aux championnats et aux équipes les mieux nanties. L'Angleterre, l'Allemagne, l'Espagne et l'Italie ont ainsi capté plus de la moitié des sommes versées à la suite de l'Euro 2012, tandis que le top 10 des clubs qui touchaient le plus correspondait à celui des plus riches sur le continent – le Bayern Munich et le Real Madrid recevant autour de 3 millions d'euros chacun, très loin des 3 494 euros portés aux comptes bancaires du JJK Jyvaskyla (Finlande) ou de Bucaspor (Turquie)[81]. Ce n'est pas tant une nouvelle manne que les gros clubs espèrent, que l'application du principe inégalitaire.

D'autres procédés sont mobilisés pour sécuriser les revenus et les résultats des clubs les plus riches, notamment la création de compétitions et l'adoption de formules avantageuses pour celles-ci. La Coupe de la Ligue, lancée en 1994 en France, est initialement conçue comme une compensation pour le passage de la première division à 18 clubs. Réservée aux clubs professionnels (contrairement à la Coupe de France), qui se partagent en nombre réduit les droits de diffusion, maintenue malgré le retour de l'élite à 20 clubs, elle attribue à son vainqueur une place en coupe d'Europe, et donc offre une session de rattrapage aux équipes qui se ratent en championnat, et un raccourci (en quatre ou cinq matches seulement) pour la Coupe de l'UEFA. En 2006, la Ligue introduit des têtes de série, et la qualification directe en huitième de finale des deux clubs engagés en Ligue des champions. Trois ans plus tard, ces passe-droits sont élargis : les six clubs qualifiés en Coupe d'Europe sont exempts des seizièmes de finale, et les quatre premiers du dernier championnat sont têtes de séries. Sans légitimité historique, dévaluant la Coupe de France, intéressant peu le public et ne trouvant finalement plus de diffuseur, la Coupe de la Ligue s'arrête en 2020. Elle aura toutefois rempli sa fonction durant 26 saisons : offrir des revenus supplémentaires aux gros clubs.

À la descente automatique en deuxième division, généralement pour les trois derniers du classement, plusieurs championnats ont préféré un système de « barrages » en fin de saison, offrant une possibilité de repêchage aux équipes menacées de relégation – c'est le cas de la Ligue 1, à partir de la saison 2016-2017, pour le 18e du championnat qui affronte le 3e de Ligue 2. En raison des très grands écarts de droits de diffusion entre les premières et deuxièmes divisions, une descente représente une catastrophe économique. La plupart des ligues versent aux relégués des « paiements parachute » destinés à amortir ce choc, qui constituent un avantage accordé aux clubs issus de l'élite et une distorsion de concurrence au détriment des clubs de l'échelon inférieur. Surtout, ils ne corrigent pas le gouffre financier grandissant entre les échelons (entre les divisions nationales et en leur sein, entre compétitions européennes).

Le principe inégalitaire a été tellement intériorisé qu'il est parfois appliqué sans réflexion ni débat. Lors de la crise du Covid, la FIFA a autorisé cinq remplacements par match (au lieu de trois précédemment), au motif de préserver la santé des joueurs et de limiter les aléas dus aux contaminations. Comme on pouvait s'y attendre, cette mesure provisoire a été pérennisée sans que personne ne s'inquiète de l'avantage supplémentaire ainsi accordé aux clubs dont les effectifs sont qualitativement et quantitativement supérieurs.

UN MONDE D'ÉCART

« *Nous devons bien admettre que la polarisation des revenus entre le haut du panier et le reste des clubs s'accentue* »

Aleksander Čeferin, président de l'UEFA[82].

Le constat de l'accroissement des inégalités économiques au cours des trente dernières années fait l'objet d'un consensus total, sur sa réalité comme sur son ampleur, auprès des économistes du sport, des cabinets d'audit, des instances sportives et de quiconque s'est soucié de les mesurer d'une manière ou d'une autre. Inégalités entre les championnats, avec la suprématie économique de la Premier League, entre les cinq grands championnats et les autres, entre les clubs au sein de ces championnats, entre les clubs de l'élite continentale et les autres, etc.

Les revenus commerciaux ont renforcé la dynamique inégalitaire et rendu ces écarts exponentiels entre les grandes marques internationales et les autres, les premières captant la manne des nouveaux marchés et convertissant leur notoriété en contrats de sponsoring et de marketing sans commune mesure avec ceux des clubs plus modestes. « Les revenus de sponsoring et de marketing des quinze clubs les plus riches ont augmenté de près de 2 milliards d'euros entre 2008 et 2018. Ceux des 700 autres clubs seulement de 800 millions », indiquait l'UEFA dans son bilan annuel, notant aussi que ces quinze clubs captent 46 % de ces revenus en 2018, contre 27 % dix ans plus tôt. « La croissance des revenus se concentre parmi les 20 clubs les plus riches. La croissance des 30 clubs les plus riches est trois fois plus forte que la moyenne des clubs de première division européens. » « La moitié des recettes de billetterie dans les premières divisions européennes est réalisée par vingt clubs. » « La très forte augmentation des contrats de sponsoring ne concerne que les très grands clubs européens », confirme Bastien Drut[83].

Enfin, les études d'économistes comme Simon Kuper et Stefan Szymanski ont confirmé que la concentration des meilleurs joueurs, et en particulier des tout meilleurs joueurs, mesurée par les dépenses salariales, a des effets déterminants sur les performances. « Ce ne sont pas les différences de quelques millions d'euros qui font la réussite sportive, mais bien les différences de rémunérations très importantes, c'est-à-dire lorsque les équipes sont constituées essentiellement de joueurs bien payés, souvent des stars », résument Luc Arrondel et Richard Duhautois[84]. « Les clubs aux plus hauts revenus continuent de se détacher des autres. Les écarts de richesse s'accroissent aussi à l'intérieur des championnats », constatait le cabinet Deloitte dans son rapport Football Money League de 2020 : « La polarisation [des revenus] n'est pas un phénomène nouveau, mais elle est plus évidente que jamais, exacerbée au sein des compétitions nationales et internationales à la fois par les mécanismes de redistribution financière et par les formats de qualification aux compétitions. »

« Tous les indicateurs illustrent une évolution vers un plus grand déséquilibre dans le football européen », assurait le CIES en décembre 2018, tandis que le président de l'UEFA Aleksander Čeferin soulignait un an plus tôt que « les revenus des clubs du top 12 européen ont connu une spectaculaire augmentation de 1,58 milliard d'euros en six ans [2000 à 2016], plus du double de l'augmentation des revenus de tous les autres clubs des premières divisions européennes ». Au cours des quinze dernières années, « les inégalités au sein du gotha financier des clubs européens n'ont que légèrement augmenté. [...] En revanche, les inégalités de ce gotha européen par rapport à toutes les autres équipes n'ont cessé d'augmenter. »[85]

* * *

La doctrine de « l'élitisme », martelée sans opposition, a remporté une étonnante victoire idéologique et culturelle. On ne peut que marginalement l'expliquer par la connotation implicitement positive du terme « élite » dans le sport, selon l'idée que les sportifs de haut niveau constituent une élite – mais ceci exclusivement pour leur mérite sportif. Elle consiste en effet à récompenser les « investissements » comme s'ils étaient vertueux en soi, ne devaient plus comporter de part de risque, et n'être pas gratifiés seulement par leur pertinence sportive, c'est-à-dire par leur traduction en résultats. Ce déni de solidarité s'appuie sur la conviction selon laquelle ce sont les clubs du gotha qui « produisent » la richesse collective, et non le système compétitif dans son ensemble ; que ce sont eux qui produisent leur propre richesse, et non les mécanismes mis en œuvre pour l'accroître au détriment des autres.

Ce n'est plus du jeu, tant cela revient à « acheter » des résultats sportifs, une forme particulière de corruption terriblement banalisée. On examinera plus loin l'effet des inégalités sur les rapports de force sportifs, après avoir considéré un des principaux résultats de cette extrême polarisation de la richesse : la perspective d'une ligue européenne privée et fermée.

SUPER LIGUE : DE LA MENACE À LA « FATALITÉ »

« *J'ai le plus grand respect pour ce qu'accomplit l'Atalanta, mais sans avoir de passé dans les compétitions européennes, après une seule bonne saison, ils participent à la Ligue des champions. Est-ce que c'est juste ?* »

Andrea Agnelli,
président de la Juventus Turin[86].

L'élitisation de la Ligue des champions n'a pas été accomplie totalement du plein gré de l'UEFA, même si celle-ci a bien perçu l'intérêt symbolique et financier d'en faire une compétition résolument plus prestigieuse, afin de mieux la monnayer. Elle a été pour une part décisive le fruit de la pression constamment exercée par les clubs les plus riches au travers de leur menace de lancer une ligue privée. Alors que l'idée planait depuis quelques années, en 1998, la société Media Partners est le maître d'œuvre d'un premier projet de « superligue » qui fait grand bruit avant de tourner court. Mais l'horizon d'une ligue fermée sera désormais une constante pour le football européen, longtemps agitée comme une menace que ses promoteurs ont tenu à rendre aussi réaliste que possible en travaillant régulièrement, dans un demi-secret, à différentes formules de compétition et de gouvernance.

La menace a obtenu de très bons résultats, les réformes successives de la Ligue des champions ayant été la réponse de l'UEFA à cette menace, pour la conjurer... tout en la rendant plus probable. Au point que la menace a longtemps pu paraître virtuelle : en évoluant ainsi, la Ligue des champions a offert aux clubs hyper-riches tous les avantages d'une Ligue fermée sans leur imposer ses inconvénients. Car avec elle, pas de partage des ressources et de mécanismes « collectivistes » comme dans les ligues états-uniennes, avec la draft, le salary cap et la mutualisation d'une partie des revenus[87]. La ligue fermée et privée semblait d'autant plus devoir rester un spectre qu'elle constituerait une double transgression : du modèle pyramidal historique du sport européen, structuré en divisions au sein desquelles un club peut progresser grâce à ses résultats, selon le principe de l'accession-relégation ; du monopole de l'organisation des compétitions sportives accordé, par la puissance publique, aux fédérations et confédérations.

Mais, chemin faisant vers des formules de plus en plus favorables aux clubs puissants, la Ligue des champions est restée au milieu du gué, et elle s'est progressivement sabordée, faisant le lit de la ligue privée qu'elle n'était pas encore en contribuant à la formation d'une élite de superclubs. Ces refontes ont accentué ses défauts : une fastidieuse phase de poules ménageant peu de surprises, et une phase à élimination directe qui se réserve le grand spectacle et l'intensité dramatique dans l'entre-soi des meilleurs clubs. Ainsi, de nombreux amateurs de football déplorent des matches trop déséquilibrés lors de la phase de poules, et regrettent la présence de clubs peu prestigieux, sans comprendre que c'est là précisément le résultat des réformes successives de la compétition.

Le dimanche 18 avril 2021 à minuit, la création d'une Super Ligue est annoncée dans une ambiance de putsch par un communiqué lapidaire que les douze clubs concernés – Real Madrid, FC Barcelone, Atlético Madrid, Juventus Turin, Milan AC, Inter Milan, Manchester United, Manchester City, Liverpool FC, Tottenham Hotspur, Arsenal FC et Chelsea FC – relaient piteusement, et qui renvoie vers un site minimaliste. Le contrat de la Super Ligue fait 167 pages, lui, selon les révélations du Spiegel quelques jours plus tard[88]. Il prévoit que ses douze clubs fondateurs touchent 700 millions d'euros par an, et restent membres au moins 23 ans. Le financement initial doit être avancé par la banque JP Morgan à hauteur de 3,53 milliards d'euros, et transiter par une société luxembourgeoise détenue par une fondation néerlandaise.

Les droits de diffusion seront gérés par une société domiciliée dans un paradis fiscal.

Deux jours plus tôt, un des meneurs du schisme, Andrea Agnelli, président de la Juventus et de l'Association européenne des clubs (ECA), a juré à son ami (plus pour très longtemps) Aleksander Čeferin, président de l'UEFA, que les rumeurs de lancement d'une ligue privée étaient totalement mensongères, avant de ne plus prendre ses appels durant le week-end. Mieux, ce vendredi-là, une réunion entre l'UEFA et l'ECA, à laquelle assistaient les représentants des putschistes, a validé la réforme de la future Ligue des champions sans opposition. La bombe explose à l'aube du congrès de l'UEFA qui s'ouvre ce même lundi.

On croit que cette révolution-ci est consommée, mais dès les premières heures, un vaste mouvement se soulève contre elle, associant institutions sportives, joueurs, entraîneurs, supporters, médias et pouvoirs publics dans un même désaveu. À une surprise en succède une autre : régulièrement présentée comme une fatalité qui s'accomplirait tôt ou tard (mais peut-être pas si tôt), suscitant jusque-là une opposition inconsistante, la ligue privée provoque un front du refus dont l'ampleur pouvait difficilement être soupçonnée. C'est un peu comme si le football était passé devant un miroir pour la première fois depuis vingt-cinq ans et qu'il avait poussé un cri d'effroi en se voyant. Les mots justes sont enfin mis sur les faits : libéralisation, dérégulation, enrichissement des plus riches, dérive oligarchique, caste, cartel, accaparement, imposture, honte. Selon Le Monde, le président de la FIFA Gianni Infantino « a attendu de voir dans quel sens le vent tournait jusqu'au dernier moment », avant d'exprimer son opposition[89]. Le gouvernement de

Boris Johnson, qui s'apprêtait à entériner cette sécession, est contraint de revoir ses plans et de se joindre aux condamnations. L'opposition la plus virulente s'exprime paradoxalement dans le pays du fooball-business : les supporters des six clubs anglais concernés manifestent massivement contre des propriétaires invisibles qui n'ont même pas daigné expliquer publiquement une décision aussi lourde.

Privé de tout soutien, hormis une petite armée de comptes téléguidés sur les réseaux sociaux, le projet se découvre mort-né, tous ses participants perdent la face. Particulièrement ses trois instigateurs, Juventus, Real et Barça, abandonnés en rase campagne par les neuf autres membres (invités, le Bayern Munich et le Paris Saint-Germain ont habilement évité de se compromettre). Andrea Agnelli, président de la Juve, et Florentino Pérez, du Real, contre-attaquent dans les médias. Ils confirment leur impréparation et trahissent leurs motivations : se sauver à court terme d'une situation économique compliquée par l'épidémie, mais surtout compromise par leur mauvaise gestion (« La Super Ligue venait pallier les pertes économiques de cette année. Il faut des rentrées d'argent », déclare Pérez[90]) ; s'emparer sans attendre et à leur profit exclusif de la manne escomptée de la future compétition. C'est-à-dire diviser en moins de parts un gâteau plus gros, en ne laissant que les miettes aux autres – et ce n'est pas une métaphore. Leur stratégie du choc, qui entendait profiter de la crise épidémique, échoue dans la précipitation, les sécessionnistes ayant grossièrement sous-estimé les réactions à leur transgression. Leur communication, même si elle avait été moins désastreuse, ne pouvait ni justifier, ni excuser un aveu de cupidité et d'égoïsme aussi spontané. « Ce n'est pas possible que les grosses équipes perdent de l'argent et les petites en gagnent », lâche encore Florentino

Pérez[91], qui ne s'interroge pas sur la nécessité d'une gestion saine et équilibrée.

Ils n'ont pas abandonné le combat. Après s'être pourvus devant les juridictions sportives et civiles pour éviter les sanctions de l'UEFA, ils ont porté devant la Cour de Justice de l'Union européenne leur demande de retirer aux fédérations le monopole de l'organisation des compétitions sportives – ce qui constituerait un séisme juridique encore plus retentissant que l'arrêt Bosman. Fin 2022, ils ont relancé leur projet sous la bannière de la société A22 Sports Management, officine de lobbying aux airs de think tank. Elle s'attache, cette fois, à se faire entendre du public qui avait été si imprudemment ignoré lors du premier coup d'État. Sans craindre de promettre, de manière très orwellienne, plus de solidarité et moins d'inégalités – exactement le contraire de ce qu'ils poursuivent. Cette nouvelle mouture de la Super Ligue est présentée comme « ouverte » et « méritocratique » : elle s'ouvrirait à 60 à 80 clubs, dont aucun membre permanent, et élargirait ainsi sa base politique. Elle n'en poursuit pas moins l'objectif de jouer en cercle fermé, en siphonnant l'essentiel des revenus générés au profit de la petite élite à son sommet.

L'OLIGARCHIE CONTRE L'ALÉA SPORTIF

« *Le football n'est plus un jeu, mais un secteur industriel et il a besoin de stabilité.* »

Andrea Agnelli,
président de la Juventus Turin.

Le modèle proposé par la Super Ligue représente donc l'achèvement du projet « élitiste », l'aboutissement d'un programme visant à accroître les inégalités, une sorte de synthèse finale des évolutions observées depuis le début des années 1990, qui promeuvent un football reposant de plus en plus sur une logique de spectacle, de moins en moins sur une logique de compétition. Ce spectacle est assuré par la répétition des mêmes grandes affiches, entre les mêmes clubs disputant une sorte de phase finale perpétuelle, dans laquelle s'affrontent en circuit fermé les équipes les plus prestigieuses alignant les plus grands joueurs.

Les promoteurs de la Super Ligue ont postulé que le désir du public serait le même que le leur, avec de bonnes raisons d'y croire – son échec a été surtout politique, alors qu'elle avait de grandes chances d'être un succès médiatique et commercial. Dès 2009, Florentino Pérez, président du Real Madrid, assurait : « Nous devons convenir d'une nouvelle Super Ligue qui garantit que les meilleurs jouent toujours les meilleurs – ce qui ne se produit pas en Ligue des champions. »[92] Au lancement de la Super Ligue, Joel Glazer, copropriétaire de Manchester United, lâchait : « En réunissant les plus grands clubs et les plus grands joueurs du monde pour qu'ils s'affrontent tout au long de la saison, la Super Ligue ouvre un nouveau chapitre du football européen, qui garantira une compétition et des stades de niveau mondial. » Programmer plus de matches, et plus de matches entre gros clubs, c'est se mettre dans le droit fil du régime de profusion qui caractérise les compétitions et leur diffusion, en renonçant totalement à l'idée que la rareté fait la valeur et que la saturation dévalorise le produit. Pour compenser : la promesse du meilleur niveau sportif possible.

Ce football est aussi l'aboutissement d'une longue entreprise consistant à corréler encore plus étroitement les moyens économiques et les résultats sportifs, c'est-à-dire à réduire la jadis « glorieuse » incertitude sportive. Cette incertitude est particulièrement vive dans le football où, en principe, « le petit peut toujours battre le gros » tant le résultat est aléatoire, avec un système de marque qui peut ne faire dépendre ce résultat que d'un but, c'est-à-dire d'un accident, d'une erreur, d'un coup de chance ou de génie. Mais cette logique sportive est évidemment incompatible avec la logique économique, qui cherche au contraire à sécuriser les gains, à ne pas les laisser à la merci des impondérables. Faire circuler la richesse vers le haut a eu simultanément pour effet de réduire l'incertitude du résultat et de corréler ce dernier de plus en plus étroitement à la puissance économique. Avec succès. « La situation présente joue en faveur des clubs les plus riches, qui étendent chaque jour davantage leur domination sportive, économique et même politique. [...] Le niveau de déséquilibre compétitif est particulièrement important dans les cinq grands championnats et en Ligue des champions. »[93] « Une caste d'une quinzaine de clubs domine encore plus qu'auparavant le football européen sur le plan économique et sportif. Et cette domination s'est exacerbée depuis 2010. »[94]

Karl-Heinz Rummenigge, président du conseil exécutif du Bayern, qui venait pourtant d'éliminer la Juventus en huitièmes de finale, déplora en mars 2016 : « Ce qui ne me plaît pas, c'est que l'on soit tous dépendant du hasard. [...] J'en ai assez du hasard. » Selon lui, un système de têtes de série après la phase de groupes aurait dû épargner à ces deux grands clubs de se rencontrer si tôt. On note une contradiction : ceux qui ne souhaitent pas se rencontrer trop tôt en Ligue des champions veulent se rencontrer tout le temps en Super Ligue. La différence étant qu'avec cette dernière, il n'y a plus de risque d'élimination ou de relégation pour les membres à vie de l'élite, et surtout plus de risques de pertes financières. L'aléa sportif peut alors être restauré, mais seulement dans l'entre-soi d'une caste fermée. C'était déjà le cas dans les tours finaux de la Ligue des champions : « [L'économiste] Branko Milanović montre qu'après les années 2000, le nombre de clubs à même de se qualifier pour les quarts de finale de la Ligue des champions diminue – aujourd'hui, pour aller vite, ceux dont le budget dépasse 400 millions d'euros. Mais une fois passé les quarts de finale, l'incertitude du résultat demeure très forte. »[95] Avec, toutefois, encore trop d'intrus et de mauvaises surprises au goût des grands clubs.

Pour permettre à la logique économique de l'emporter sur la logique sportive, y compris dans les esprits, il faut donc redéfinir le football en changeant sa nature de sport de compétition principalement régi par le mérite, au profit d'un spectacle qui réduit la compétition à un affrontement circulaire entre entreprises de divertissement, en adoptant le modèle des ligues américaines. Cette philosophie remet en cause un précepte cher aux économistes du sport, selon lesquels l'intérêt du public pour une compétition dépend de l'incertitude quant à son vainqueur, incertitude calculée par la notion d'équilibre compétitif (*competitive balance*). Or les hyperdominations nationales du Bayern Munich, de la Juventus Turin, du Paris-SG ou du duopole Real-Barça ne font que se renforcer, tandis que celle de Manchester City sur la Premier League s'installe avec en 2023 son cinquième sacre en six saisons. Entre 2011 et 2023, dans les cinq championnats européens les plus riches, seulement 18 équipes différentes ont été sacrées, contre 24 sur la période précédente de même durée (1998-2010), et 26 pour celle d'avant (1985-1997). Les champions ont aussi remporté de plus en plus de points : 75,4 points, puis 78,7 et enfin 88[96]. Ces hégémonies finissent par affecter l'intérêt pour les championnats domestiques, tout en contribuant à rendre séduisante (et logique) la création d'une compétition européenne qui leur serait réservée, quitte à accepter la dévaluation des championnats nationaux, et à divorcer des autres clubs.

Franchir ce pas poserait un problème pratique en obligeant à circonscrire cette élite car, jusqu'à aujourd'hui, sa frontière inférieure reste poreuse et le cercle n'est pas fermé. Aux douze clubs sécessionnistes de la Super Ligue, on peut ajouter le PSG et le Bayern Munich, qui avaient refusé mais l'auraient vraisemblablement rejointe à terme. Au-delà, plusieurs autres pourraient postuler, mais leur liste n'est pas aisée à établir, les indicateurs économiques étant ambivalents. Le cabinet Deloitte proposait d'ailleurs en 2020 une hiérarchie par regroupement en cinq « mini-ligues » comptant vingt équipes au total, en fonction de leurs revenus annuels : FC Barcelone, Real Madrid, Manchester United // Bayern Munich, Paris Saint-Germain, Manchester City, Liverpool // Tottenham Hotspur, Chelsea, Juventus, Arsenal // Borussia Dortmund, Atlético de Madrid, Inter Milan, Schalke 04. La cinquième catégorie comporte des clubs moins nettement détachés du reste des clubs européens : AS Roma, Olympique lyonnais, West Ham United, Everton, SSC Napoli. Cependant, au gré des reprises par des investisseurs puissants, d'autres pourraient postuler à leur tour, comme Newcastle United et son capital saoudien. Quant à Schalke 04, le club a été relégué en deuxième division en 2023… C'est ce type de difficultés qui a probablement incité les promoteurs de la Super Ligue à envisager, en 2023, une formule théoriquement plus ouverte comportant la possibilité – fût-elle marginale – de promotions et relégations.

* * *

L'éventualité d'une ligue européenne privée a été très souvent postulée comme une évolution inéluctable, selon un fatalisme qui procède de deux logiques. La première, fondée en objectivité, est que cette ligue privée constituerait l'aboutissement des évolutions des dernières décennies. La seconde est plus de l'ordre de la croyance, tant l'absence de résistance constituée (par des discours critiques, des mouvements collectifs, des productions médiatiques et scientifiques, des investissements politiques) à ces évolutions n'a même pas permis de promouvoir un débat public à leur sujet, et a favorisé une forme de résignation générale. Dans une démarche d'analyse qui s'en tient aux constats et entérine l'existant comme la seule réalité possible, certains économistes semblent naturaliser ces évolutions et les considérer comme irréversibles, semblant ignorer qu'elles sont un produit historique, le résultat d'actions (et d'inactions) individuelles et collectives.

Ainsi, l'économiste Branko Milanović, dans un article qui constatait que « le football a été un miroir de la société, où les inégalités se sont accrues de manière exponentielle au cours des trois dernières décennies » et que « l'inégalité économique est également le problème central des clubs de football », concluait que « la Super Ligue européenne [était] inévitable ». La solution au problème serait donc l'aggravation du problème, en récompensant ceux qui l'ont créé... Sur la foi du même postulat, Luc Arrondel et Richard Duhautois adoptent une conclusion surprenante : « Comme elle est sans doute inévitable, plutôt que de la rejeter d'emblée, mieux vaut la prévoir et la penser plus globalement et plus équitablement : il faut éviter que la Super Ligue ait la mainmise sur les règles du “jeu” ; il faut maintenir le système de promotions-relégations [...] ; il faut imaginer un système de redistribution entre les ligues nationales et le championnat européen, etc. »[97] Or toutes ces aspirations et tous ces dispositifs sont précisément ceux que les promoteurs de la Super Ligue cherchent à démanteler, précisément ceux contre lesquels leur projet se fonde. La seule malédiction dont a été victime le football a résidé dans cette validation du « There is no alternative » thatchérien, qui a induit que l'on renonce à « rejeter d'emblée » ses dérives.

4.
UNE RÉVOLUTION INSENSIBLE

On a vu que la métamorphose économique et sportive du football n'a pas seulement été le résultat d'une évolution soi-disant naturelle enclenchée par la manne des droits de diffusion et conduisant inéluctablement à la situation actuelle. Les différents acteurs ont subi et pris des décisions, choisi des orientations stratégiques, accepté des règles qui auraient pu être redéfinies. La question reste donc posée : qu'est-ce qui permis cette révolution inégalitaire, qui n'était pas irrésistible, mais qui n'a pas rencontré de résistance ?

DES RÉGULATIONS INSUFFISANTES

« *Est-il seulement possible que les très bons clubs, ceux qui font la réputation de la Ligue des champions, ne disputent pas l'épreuve reine ?* »

Wladimir Andreff, économiste.

Le fair-play financier de l'UEFA (FPF) constitue sans doute la plus ambitieuse tentative de réguler l'économie du football. Souhaité par Michel Platini quand il présidait l'instance, entré en vigueur en 2013, son principe est d'empêcher les clubs de dépenser plus qu'ils ne gagnent en plafonnant leurs déficits sous peine de sanctions financières et sportives. Il a eu de réelles vertus, comme un assainissement notable des finances des clubs européens et une réduction de leur endettement – le paradoxe est qu'en les rendant rentables, il a contribué à leur valorisation et à l'intérêt des investisseurs. Il a aussi mis un terme aux stratégies d'investissement suicidaires qui avaient conduit plusieurs clubs à la banqueroute. Mais jamais il n'a eu les moyens ni même l'objectif de réduire les écarts de richesse, pas plus que de freiner leur accroissement. « Il voulait répondre à la question de l'équilibre financier. Mais il y a celle de la concentration des ressources dans les meilleures ligues [...]. Cette question, fondamentale, n'a pas été prise en compte, sauf à la marge, et n'a pas été considérée comme problématique », constate Raffaele Poli, responsable de l'Observatoire du football du CIES.

Une étude de l'université TUM de Munich publiée en 2016 estime que le fair-play financier a dissuadé les investisseurs d'entrer au capital de clubs modestes, et « renforcé les hiérarchies existantes »[98]. On lui a beaucoup reproché, en figeant ces hiérarchies, d'avoir principalement fait barrage aux « nouveaux riches » souhaitant accéder au Gotha européen. En réalité, le barrage n'est pas patent : sur la période 2012-2021, Manchester City et le Paris Saint-Germain sont sur le podium des balances de transferts négatives, derrière Manchester United, tous aux alentours du milliard d'euros. Leurs dépenses en indemnités de transferts s'élèvent respectivement à 1,68 et 1,315 milliard[99].

L'UEFA a certes sanctionné les deux clubs, mais ces sanctions ont été limitées, renégociées ou invalidées devant la justice, comme l'exclusion de City des compétitions européennes décidée en février 2020, annulée en juillet par le Tribunal arbitral du sport. Lequel a aussi, à cette occasion, réduit l'amende de 30 à 10 millions d'euros. En 2014, c'est une ristourne de 60 à 20 millions qui avait été négociée secrètement entre l'UEFA et le club. De tels règlements amiables ont également eu cours avec le PSG en 2018, révélèrent les Football Leaks en novembre de cette année. Les infractions constatées par l'Instance de contrôle financier des clubs (ICFC), l'organe d'enquête indépendant de l'UEFA, démontraient pourtant une volonté de contourner les contraintes du FPF, en particulier avec le gonflement artificiel des contrats de sponsoring par des entreprises liées aux actionnaires. City avait même externalisé certaines dépenses auprès de sociétés financées par son propriétaire, le cheikh Mansour. « On voit un fair-play financier à deux vitesses. Il existe celui pour les clubs polonais, bulgares et grecs, puis celui pour les grands d'Europe, comme le PSG ou Manchester City, qui, eux, savent construire leurs sources de financement pour compliquer le travail de l'enquête et éviter, à la fin, les sanctions », commente Antoine Duval[100].

En février 2023, au terme d'une enquête de quatre ans, la Premier League a annoncé la création d'une commission indépendante pour enquêter sur 115 infractions présumées commises par Manchester City entre 2009 et 2018. Le club risque théoriquement de lourdes sanctions – retrait de points, voire exclusion du championnat –, mais la procédure peut durer des années, et ses dirigeants ont annoncé le recrutement du célèbre avocat britannique David Pannick pour mener la bataille. Entre-temps, le club, qui a remporté sa première Ligue des champions en juin 2023 sous les acclamations pour la qualité de son jeu, aura consolidé son statut et ne risquera plus grand-chose.

Une fois passée la période de dépenses massives pour accéder à l'hyper-élite, les deux clubs, très exposés médiatiquement et ayant acquis une stature économique suffisante, n'ont plus eu besoin de conclure des contrats de complaisance surévalués. Même les entreprises directement liées aux propriétaires paient un juste prix peu susceptible de faire sourciller l'UEFA, comme Qatar Airways, sponsor maillot du PSG depuis la saison 2022-2023[101]. Manchester City et le PSG n'ont pas eu trop de peine à forcer leur passage dans l'élite avec des investissements massifs qui auraient coulé n'importe quelle entreprise normale. On voit mal comment Newcastle United, sous pavillon saoudien depuis 2021, n'y parviendrait pas à son tour.

Assoupli durant la pandémie, puis quasiment abandonné, le FPF a fait son retour dans une version toujours aussi timide, qui inclut une sorte de salary cap plafonnant les dépenses en salaires, transferts et commissions d'agents à 70 % des revenus annuels (progressivement à l'horizon 2025), mais double les déficits autorisés de 30 à 60 millions sur trois ans.

Comme les réformes de la Ligue des champions, le FPF est un indice de la position de faiblesse de l'UEFA face aux clubs riches. Malgré ses modestes ambitions initiales, le FPF aurait pu être un point de départ, un socle pour d'autres régulations qui auraient pu enrayer la course aux armements et l'instauration de la loi du plus riche. Ses capitulations et ses insuffisances ont eu raison de cet espoir. Les dispositifs de contrôle et d'encadrement comme la DNCG française et ses équivalents dans les autres pays, et le FPF, au niveau européen, ont eu le mérite d'assainir les finances des clubs et de limiter leurs dérives – déficit, endettement – et même de permettre à certains de dégager des profits. Mais, s'ils épargnent une catastrophe au système, ils le pérennisent.

UN FOOTBALL SANS GOUVERNEMENT

« *Il n'y a pas assez de football. Nous avons besoin de beaucoup plus de compétitions, pas de moins, nous voulons que le football se développe dans le monde entier.* »

Gianni Infantino, président de la FIFA, 16 mars 2023.

L'UEFA et la FIFA n'ont pas cherché à exploiter toutes les possibilités de résister à l'élan dérégulateur imprimé par l'Union européenne, de travailler à de nouvelles régulations susceptibles d'enrayer les dérives inégalitaires. L'arrêt Bosman, en particulier, aura servi d'alibi à une fuite en avant. Alors que les dirigeants de l'UEFA avaient lutté contre cette dérégulation qu'ils présentaient comme une catastrophe, ils en ont par la suite pris leur parti sans grande résistance. « Depuis vingt-cinq ans, c'est la même rengaine : toutes les évolutions déplaisantes du football professionnel sont imputées à l'arrêt Bosman », relève Albrecht Sonntag, sociologue et professeur en études européennes[102]. Les instances sportives ont trouvé quelque confort dans une attitude de victimisation, s'exonérant de leur passivité et de leurs propres décisions.

De l'avis de plusieurs spécialistes du droit européen, des modalités de régulation auraient pu contrecarrer les effets de l'arrêt Bosman, surtout après la reconnaissance d'une « spécificité » des activités sportives par les traités de l'UE (voir la partie suivante). « L'unique obligation que le droit de l'UE impose aux organisations sportives internationales, c'est un devoir de justification de leurs règles restrictives de la liberté de circulation ou de la libre concurrence », rappelle Antoine Duval[103]. Ce dernier note aussi, à propos de l'arrêt Bosman, qu'en 1995, la Cour « avait aussi reconnu que l'objectif visant à "maintenir l'équilibre financier et sportif entre les clubs" et celui visant à "soutenir la recherche de talents et la formation des joueurs" étaient légitimes et donc susceptibles de justifier une restriction à la libre circulation et au droit de la concurrence. Ainsi, l'avocat général avait, dans ses conclusions, recommandé une redistribution plus équitable des droits télévisés entre les clubs et la mise en place d'un système de compensation des frais de formation qui prenne en compte les coûts réels de celle-ci »[104].

Depuis 1995, sur d'autres volets réglementaires, l'UEFA a d'ailleurs pu assurer auprès de l'UE certaines prérogatives dérogatoires : fair-play financier, monopole de la gestion des droits de propriété intellectuelle des compétitions organisées par l'UEFA ou recours systématique à l'arbitrage pour résoudre les contentieux sportifs. Alors que « le droit de l'UE n'interdisait pas [aux] fédérations d'adopter de leur propre chef un système des transferts qui soit à la fois respectueux des libertés des travailleurs et soucieux de l'équilibre économique du football » (Antoine Duval[105]), ce système a été maintenu par l'UEFA et la FIFA contre l'avis… de la Commission européenne qui souhaitait son abolition au début des années 2000. La transparence de ce système, la lutte contre la corruption, les flux financiers opaques et l'influence néfaste des intermédiaires n'ont connu que des progrès limités.

Autre exemple d'impuissance choisie : si les réglementations de l'UEFA interdisent en théorie à des clubs en « copropriété » de se présenter dans une même compétition, une décision du Tribunal arbitral du sport en 2016 a permis au RB Salzbourg et au RB Leipzig de disputer ensemble la Ligue des champions – les deux clubs se sont retrouvés dans le même groupe en 2018-2019. Plus tard, en juillet 2023, l'instance autorisait le Toulouse FC et le Milan AC, propriétés de RedBird Capital Partners, à s'aligner respectivement en Ligue Europa et Ligue des champions au mépris de son propre règlement. Des artifices (une modification de la composition du conseil d'administration du TFC et une scission de la holding) ont suffi à lui faire entériner sa capitulation face au phénomène délétère de la multipropriété des clubs, moyennant des restrictions toutes symboliques.

La principale raison de ces renoncements est l'intérêt que les confédérations ont elles-mêmes trouvé dans la croissance phénoménale de l'économie du football : leurs propres compétitions, leurs propres revenus (droits de diffusion, marketing, sponsoring) en ont également bénéficié. Aussi se sont-elles livrées à une fuite en avant dans le gigantisme de leurs compétitions afin d'augmenter ces revenus. Le championnat d'Europe des nations (Euro) passe de 8 à 16 participants en 1996, puis à 24 en 2016. La Coupe du monde de 24 à 32 en 1998, 48 en 2026 – avec 104 matches au lieu de 64. La FIFA veut élargir sa Coupe du monde des clubs, qui n'a jamais suscité un grand intérêt, de 7 à 32 équipes à partir de 2025. Outre le surdimensionnement des compétitions existantes, l'UEFA et la FIFA en créent de nouvelles, intensifiant la « guerre des calendriers ». Comme le CIO avec les Jeux olympiques, leur modèle de grands événements sportifs indique leur peu de souci pour l'intérêt commun : elles se garantissent des revenus considérables, laissant l'essentiel des coûts aux pays organisateurs, alors qu'elles exigent d'eux des infrastructures de plus en plus coûteuses et des exemptions fiscales, en échange de « retombées économiques » qui se révèlent très hypothétiques à l'examen.

Les profits donnent « raison » aux dirigeants, tel Gianni Infantino, qui tournait ainsi la page de la Coupe du monde au Qatar, alors que la FIFA s'arc-boutait avec le pays hôte sur son refus de créer un fonds d'indemnisation pour les travailleurs migrants : « Les revenus de la FIFA ont augmenté jusqu'à 7,5 milliards de dollars [sur le cycle 2019-2022]. Quand j'ai été élu président, les réserves s'élevaient à environ un milliard de dollars, aujourd'hui nous en sommes à presque 4 milliards. Nous promettons un nouveau record de revenus d'au moins 11 milliards pour le prochain cycle [2023-2026] »[106].

Prises entre cette course aux revenus et un électoralisme auprès des fédérations membres qui a dégénéré en clientélisme, les confédérations ne se sont pas placées dans des conditions propres à leur faire défendre un intérêt supérieur du football qui consisterait à le protéger de ses dérives. Gouvernées par leur avidité, elles ont renoncé à gouverner, et ont subi des rapports de force à leur désavantage, notamment face aux groupes de pression constitués par les grands clubs. Le G-14 n'a été dissous, en 2008, que lorsque ses membres sont rentrés dans le rang et dans le giron de la nouvelle Association européenne des clubs (ECA). Le protocole d'accord entre l'UEFA et cette organisation, dominée par les grands clubs, a eu pour effet d'intégrer plusieurs de leurs représentants dans diverses commissions. Révisé à plusieurs reprises par la suite, il a renforcé ce poids politique, jusqu'à l'adoption d'une cogestion des droits commerciaux au début des années 2020. Une manifestation parmi d'autres de l'assujettissement de l'intérêt général à des intérêts particuliers, au nom d'un dogme implicite : ne jamais freiner l'expansion économique du football.

Cette démission a également été observée à l'échelle nationale. En créant la Premier League en 1992, et en se séparant ainsi de la fédération nationale, les clubs de l'élite anglaise ont d'emblée accaparé le pouvoir politique. En France, ce processus a connu plusieurs étapes. Par la grâce d'un accord de financement avantageux, dans un moment où elle était en difficulté, la Fédération a lâché la bride à la Ligue de football professionnel. Cette dernière a elle-même fait l'objet de nombreux conflits de gouvernance, à l'issue desquels les dirigeants des clubs ont obtenu une meilleure représentation et une plus grande autonomie dans les instances de direction, au détriment des autres « familles » du football (joueurs, entraîneurs, arbitres, administratifs, médecins, etc.). Cette prise de pouvoir a été justifiée par une aspiration à une « meilleure » gestion, assurée au nom d'objectifs essentiellement financiers, contre une gestion collégiale.

* * *

Aujourd'hui, le droit européen est encore un terrain de luttes juridiques cruciales et incertaines, en particulier autour du monopole de l'organisation des compétitions détenu par les fédérations, attaqué devant la Cour de justice de l'Union européenne par les promoteurs de la Super Ligue. Le rapport de force entre les institutions européennes et les pouvoirs sportifs reste structurant : il détermine l'équilibre entre l'autonomie des fédérations, qui a ses vertus pour protéger la spécificité des activités sportives, et leur conformité au droit européen, qui menace cette spécificité mais devrait en principe contribuer à limiter les dérives. C'est dire que l'avenir du football se joue sur un terrain éminemment politique, dans l'alternative entre une intervention régulatrice – conjointe de la part de l'UEFA et de l'UE – et la poursuite du laisser-faire.

LA DÉMISSION DES POUVOIRS PUBLICS

« *Politiser le sport, c'est une très mauvaise idée.* »
Emmanuel Macron, 17 novembre 2022.

L'UEFA peut invoquer, pour sa défense, le puissant tropisme libéral de l'Union européenne et de sa Commission, qui ont liquidé les équilibres du football européen au nom d'une conception doctrinale de la libre concurrence et de la libre circulation des travailleurs. Toutefois, en adoptant la définition du football comme une industrie du spectacle comme les autres, tournée vers un développement économique sans limites, l'instance s'est elle-même placée sous l'égide du régime juridique général. Le droit européen aurait toutefois pu intégrer une spécificité des activités sportives calquée sur celle des activités culturelles.

Ce combat en faveur d'une « exception sportive » – combat ardu, tant l'UE a légiféré contre elle – a notamment été mené au tournant du siècle par plusieurs ministres des Sports, dont Marie-George Buffet en France, et par l'UEFA aux côtés du CIO et de confédérations sportives d'autres disciplines afin d'enrayer les conséquences de l'arrêt Bosman. Il a abouti à l'inscription en 2007 de la spécificité européenne du sport dans l'article 165 du traité de Lisbonne, une reconnaissance minimale et peu contraignante. Cette évolution du droit constitutionnel européen ne remet pas en cause la philosophie de la décision de 1995 et n'offre pas au sport un statut réellement dérogatoire. De son côté, comme le souligne Manuel Schotté, l'UEFA conçoit d'abord cette victoire relative, obtenue au nom de la lutte contre la dérégulation du football, comme « une validation de l'autorité fédérale par les pouvoirs publics européens » et non comme un moyen de « reprendre le pouvoir de régulation perdu dans les années 1990 »[107].

Comme l'espère encore Marie-George Buffet plus de vingt ans après son mandat, « il faut que le sport soit une question politique »[108]. Or en France, depuis le mandat de l'élue communiste (1997-2002), le ministère des Sports est devenu un ministère croupion, sans grands moyens, où défilent (brièvement) des carriéristes, qui n'a produit aucune grande loi durant ce siècle et qui a encore perdu de son autonomie avec son rattachement à l'Éducation nationale en 2021[109]. Les spécialistes déplorent l'absence de politique sportive ambitieuse, tant pour l'élite que pour le sport de masse et le sport scolaire, sans parler de celle d'une diplomatie sportive française sur la scène internationale. Le sport est essentiellement abordé sous deux angles par le monde politique français : la « récupération » ordinaire des succès sportifs nationaux dans le registre du patriotisme sportif ; et, surtout concernant le football, la préservation de la « compétitivité » des clubs nationaux, conceptualisés exactement comme des entreprises en concurrence sur le marché européen.

De fait, l'Europe est pour le sport professionnel un espace de concurrence dans lequel les pays se livrent à un dumping fiscal et social échevelé au travers d'un ensemble de mesures d'exemptions : dispositifs de droits à l'image, d'impatriation, d'exonération des cotisations sociales, etc. Ils posent non seulement un problème moral, puisqu'ils portent sur de très hauts revenus, mais créent aussi des distorsions de concurrence tout en poussant à un alignement par le bas. En Espagne et en Italie, les pouvoirs publics sont à plusieurs reprises intervenus pour sauver certains clubs en leur accordant des remises et des étalements de dette fiscale, tandis qu'en France, les clubs ont bénéficié à plein des mesures prises durant l'épidémie de Covid.

Tant au niveau des nations qu'à celui de l'Union, le sport professionnel n'est pas constitué en objet politique suscitant des débats transversaux. Il a pourtant suscité un intérêt chronique de la part des parlementaires, avec un historique de rapports que l'on peut faire remonter à Philippe Séguin en 1973, alors auditeur de la Cour des comptes. Plusieurs de ces rapports ont diagnostiqué certains des maux exposés ici, sans conséquences concrètes d'ampleur ni amorce d'une réflexion plus globale pour porter ce débat à l'échelle européenne, la seule à laquelle des solutions viables peuvent être adoptées : au niveau national, d'éventuelles mesures de régulation auraient pour conséquence de pénaliser les clubs. L'attention politique s'est par ailleurs beaucoup portée sur des sujets plus rentables auprès de l'opinion et des médias, notamment sous l'angle sécuritaire après des incidents créés par des supporters, ou pour exprimer les pathologies identitaires nationales lors des nombreux psychodrames autour de l'équipe de France entre 2001 et 2012.

Seul l'épisode de la Super Ligue a vu des gouvernements monter à la tribune pour la condamner, sans que cela n'engage de réflexion sur les causes de cette ultime dérive, ni sur les manières de s'attaquer à elles. Alors que les conditions étaient particulièrement favorables pour engager ce débat, l'occasion semble déjà perdue. Entre la pusillanimité des pouvoirs sportifs et l'indifférence des pouvoirs publics, le laisser-faire perdure.

LES MÉDIAS SPORTIFS ENTRE PASSIVITÉ ET COMPLICITÉ

« *Les affaires, évidemment que ce n'est pas ma came. [...] Ça me casse les couilles.* »

Jacques Vendroux, directeur des sports de Radio France[110].

Un des phénomènes les plus frappants, autour de la révolution libérale du football, est sa spectaculaire absence dans les médias spécialisés : elle aura été à peine constatée, et n'aura été ni analysée, ni commentée, ni même nommée d'une manière ou d'une autre. Cet effacement a évidemment conduit à l'absence de débat et de critiques allant au-delà d'indignations sporadiques (recourant au très convenu et très pauvre registre sémantique des « dérives »), jamais reliées entre elles, ne faisant jamais l'objet d'une analyse systémique. Tous les éléments étaient pourtant à disposition : ces métamorphoses se sont déroulées au su de tous, leurs conséquences ont été évidentes, mais il semble justement qu'elles ont été entérinées, assimilées a priori à des évidences, comme si le constat des symptômes ne devait surtout pas être suivi d'un diagnostic – ni, évidemment, d'une thérapie. Sur le terrain médiatique aussi, le fatalisme ou l'assentiment l'ont emporté.

Le cas de L'Équipe est assez significatif. On pourrait parfaitement documenter la révolution libérale avec les seules archives du quotidien sportif, qui a rendu compte avec constance de tous les faits concernés, fût-ce en pages intérieures dans les rubriques consacrées aux aspects économiques et institutionnels. Mais le stade d'après, celui d'une analyse un tant soit peu critique et de l'ouverture d'une discussion, n'a pas été atteint. Le journal n'a quasiment jamais désigné les causes ni les effets, n'a jamais constitué en sujet les inégalités économiques et leurs conséquences sportives, n'a jamais désigné le phénomène global. Il n'a jamais figuré en une, ni dans des pages « débats » ou « idées »... qui n'existent pas. Et lorsqu'un « cahier éco » mensuel est créé en février 2023, il ne s'agit que d'exposer les acteurs du marketing sportif et les marques du secteur dans un format publi-rédactionnel. Pourtant, le quotidien a très positivement évolué en traitant de front les affaires et des sujets dits « sociétaux », comme les violences sexistes et sexuelles ou l'homophobie. Mais il ne parvient pas, comme sous l'effet d'une inhibition, à politiser les questions économiques.

Dans nos archives personnelles, assidûment constituées, nous n'avons trace que d'une seule chronique, de Didier Braun, qui fait une remarquable synthèse d'évolutions déjà patentes en 2002. Réagissant à des interviews des présidents de l'OM et du PSG, il évoque « cette manière d'envisager l'émergence d'une élite sportive, révoltante en d'autres temps » : « Le meilleur des mondes pourrait donc être ceci, dans un proche avenir idéal : une compétition portée par quelques locomotives lancées en toute sécurité financière sur le réseau international et étayée par des faire-valoir de qualité. Ceux-ci apporteraient au public l'alibi de l'équité sportive et du maintien de la sacro-sainte incertitude du sport. Naturellement, cette incertitude demeurerait dans des proportions statistiques admissibles et des limites budgétaires prévisibles. Ainsi maîtrisée, elle assurerait la pérennité des *major companies* du super-show à venir. »[111] Tout était déjà dit, mais rien n'a été répété ensuite. Au cours des dernières années, on a bien lu des éditos indignés, mais sans lendemains, signés de journalistes éminents qui semblaient tomber des nues et découvrir ce qu'ils ont pourtant eu sous les yeux durant des années sans y trouver à redire.

Plusieurs explications sociologiques et historiques peuvent être avancées pour expliquer cette impuissance subie ou choisie. La presse sportive est d'abord marquée par une forte carence en culture politique, due pour une part à la volonté de considérer le sport comme un espace apolitique, pour une autre à une sensibilité majoritairement de droite dans ce sous-champ de la profession. Ensuite, l'héroïsation des athlètes et la célébration de la geste sportive se prêtent peu à une distance critique ni au développement d'une culture de l'investigation. « Faire partie de la grande famille du sport est assumé par les journalistes sportifs, même s'ils sont de plus en plus exclus du monde du sport », note le sociologue Karim Souanef[112]. L'actualité frénétique des compétitions favorise une culture de l'instant qui n'incite pas à faire des pas de côté au profit d'une mise en perspective historique ou transversale. La difficulté croissante à accéder aux sportifs renforce par ailleurs la crainte de perdre ses sources.

Enfin, les médias sportifs souffrent du « syndrome du vendeur », renâclant logiquement à déprécier leur produit. C'est particulièrement le cas des diffuseurs, détenteurs de droits qui leur ont coûté très cher, mais aussi celui des médias spécialisés, qui voient leur propre croissance dans celle du sport, ainsi qu'une forme de reconnaissance dans sa place de plus en plus centrale dans la hiérarchie de l'information[113]. Cet « intéressement » a même dégénéré dans des comportements en contradiction totale avec les règles de déontologie les plus élémentaires, comme l'illustre le nombre de journalistes qui se font « ambassadeurs » des opérateurs de paris sportifs, moyennant de très fortes rémunérations, ou la complaisance envers les sponsors dont les opérations sont relayées sans états d'âme[114].

Xavier de la Porte, journaliste spécialisé dans la culture et la vie intellectuelle, relate son expérience dans la matinale de Canal+ en 2006, qui lui demandait une chronique « décalée » sur le sport. « J'ai vite compris que le mot "décalé" n'était pas synonyme de "critique" ou de "politique". [...] Quand il s'agissait de parler de dopage, ou des usages politiques et économiques du football, l'accueil était froid. Qu'on s'entende, il ne m'a jamais été interdit de le faire, mais quand j'abordais ces questions, ça n'intéressait personne, ni sur le plateau ni en dehors, comme si soudainement je m'étais mis à parler d'autre chose, d'un sujet incongru, sans aucun rapport avec le sport en général et avec le football en particulier. »[115]

En lien avec « l'apolitisme » prétendu du sport, il semble que le journalisme spécialisé doive aussi être acritique. Ceci alors que les médias sportifs, notamment via des talk-shows qui ont fait école dans l'information générale[116], entretiennent un régime de polémiques permanentes et un journalisme déblatératif, régulièrement démagogique. Le journalisme sportif tend ainsi à consacrer des polémistes comme Pierre Ménès, dont l'exposition aura été proportionnelle à la médiocrité, très loin de la diversité des profils constatée par exemple dans la presse britannique – qui a pour caractéristique un traitement très qualitatif du sport par la presse quotidienne généraliste. Le défaut d'enracinement de la culture footballistique en France, et surtout les choix éditoriaux privilégiant la facilité ont nui au progrès que l'on aurait pu espérer après le boom post-1998.

Bien que, sous l'effet d'une légitimation croissante du sport comme objet culturel, social et économique, les médias d'information générale aient développé leur rubrique sports, celle-ci reste moins considérée que d'autres jugées plus nobles – alors qu'elle pourvoit des audiences importantes en ligne. L'idée persistante que le sport n'est pas un sujet « sérieux » encourage une vision un peu folklorique et un traitement en mode mineur. L'adage « ce n'est que du sport » est ainsi largement partagé et intériorisé dans les médias généralistes, malgré l'évidence du contraire. En outre, ces médias ne sont pas centraux auprès des publics les plus amateurs de sport, et ont peu de capacité à développer des débats auprès de ces publics. C'est bien à la presse sportive qu'il revenait de créer ce débat, mais elle ne s'en est pas donné les moyens.

* * *

C'est ainsi que la révolution libérale n'a pas été médiatisée. Cela a en partie tenu à la difficulté d'agréger ses nombreux volets, de replacer ses épisodes successifs dans une perspective historique. Mais cette difficulté n'a rien eu d'insurmontable, et sur une telle durée, face à tant d'évidences, il faut bien considérer cette indifférence comme un choix éditorial par défaut ou par incapacité, c'est-à-dire comme une complicité passive, sinon une adhésion. Adhésion muette, car on n'a jamais vu, non plus, un journaliste sportif prendre résolument parti pour ce football « élitiste » – ce qui souligne en creux l'embarras général et la réticence à déprécier ce dont on vit et qui constitue généralement une passion.

Il y a bien eu des pôles d'opposition médiatiques, mais marginaux et marginalisés – en particulier parce que leurs dispositions critiques renvoyaient leurs homologues mainstream à leur démission. On peut sans scandale, mais pas sans regrets, affirmer que les Cahiers du football sont le seul des médias spécialisés à avoir traité le sujet dans la durée et de manière systématique, l'auteur de ce livre s'y étant également attaché sur le blog « Une Balle dans le pied », hébergé par le site du Monde depuis 2010, et dans les autres médias auxquels il collabore. De nombreux sites indépendants, aux durées de vie variables, ont aussi abordé le thème avec volontarisme, de même que des voix comme celle de Nicolas Kssis-Martov (So Foot) – avec une belle constance. Bien des journalistes, spécialisés ou non, ont partagé cette vision critique sans trouver de terrain pour l'exprimer durablement, et la convergence des luttes n'a pas eu lieu faute de lieu. Livré à une idéologie d'autant plus puissante qu'elle a été occultée, le football n'a pas été arraché à son apolitisme de façade.

UNE RÉVOLUTION SANS OPPOSITION

« *Aimer le club. Soutenir l'équipe. Détester le propriétaire.* »

Banderole de supporters d'Arsenal, avril 2021.

L'absence de débat consolidé sur cette révolution inégalitaire, le caractère marginal d'une « pensée critique » du football ne sont pas seulement dus aux médias. Le mépris culturel pour le football, dans les sphères intellectuelles et militantes, a également incité celles-ci à le négliger en tant que terrain politique. Avant 1998, estime le sociologue Stéphane Beaud, « le football était perçu par la plupart des lettrés et autres détenteurs de capital culturel (enseignants, artistes, cadres supérieurs du public, journalistes) comme fondamentalement illégitime : comme pratique et, plus encore, comme objet d'étude. Pour les fractions intellectuelles des classes moyennes et supérieures, mais aussi pour les générations déjà socialement et politiquement construites avant 1998, l'hostilité vis-à-vis du "foot" était forte ; elle le reste aujourd'hui. »[117]

Ce sport est resté une sorte de repoussoir, culture vulgaire plus que populaire, incarnation simpliste des maux du capitalisme, de toute façon maudit ou foutu, pour lequel il n'y aurait par essence pas d'alternative et pas de salut possibles. Il n'y aurait même pas à le sauver : réduit à nouvel « opium du peuple », à une vaste entreprise de divertissement-diversion, il a été laissé, avec ses publics, à ses turpitudes. Sur le terrain universitaire, la mouvance de la « théorie critique du sport », emmenée par Michel Caillat, Jean-Marie Brohm ou Marc Perelman, s'est elle-même condamnée à l'impuissance en négligeant tout travail de terrain et en dégénérant dans une vision outrancièrement caricaturale que résument les titres des ouvrages oubliés : Les meutes sportives. Critique de la domination ; Le football, une peste émotionnelle ; Le stade barbare, etc.

Aussi les chercheurs, en particulier en économie et en sociologie, qui ont pris toute la mesure des évolutions et ont régulièrement alerté sur celles-ci, ont-ils souffert d'une forme d'isolement[118]. Beaucoup ont néanmoins produit des recherches documentant précisément et indiscutablement la polarisation des moyens économiques et sportifs, ont publié des tribunes ou des appels en faveur d'une reprise en main institutionnelle et de nouvelles régulations. Peut-être ont-ils été entendus, mais ils n'ont pas été suivis, faute, là encore, d'une politisation globale de la question dont les conditions restent à réunir. On est d'ailleurs frappé de la quasi-inexistence de livres sur notre révolution libérale, hormis l'ouvrage collectif Comment ils nous ont volé le football. La mondialisation racontée par le ballon (2014) et, en Allemagne, Um jeden Preis. Die wahre Geschichte des modernen Fussballs von 1992 bis Heute de Christoph Biermann (2022)[119].

Seul le mouvement des supporters « ultras » (groupes organisés de supporters de clubs) a constitué un pôle de résistance consistant, mais lui aussi marginal, l'amalgame avec les hooligans ayant souvent servi à les discréditer. Revendiquant leur vocation de contre-pouvoir aux dirigeants de leurs clubs, ils ont étendu leurs critiques à une opposition au « football moderne » – désignation impropre mais largement partagée. Ludovic Lestrelin constate ainsi « l'essor d'un supportérisme contestataire » : « Ces groupes contestent la hausse du prix des places, la financiarisation. Face à l'arrivée de nouveaux investisseurs étrangers, ils défendent l'ancrage local des équipes, exigent une gouvernance plus démocratique et une gestion plus transparente, prémices du mouvement pour l'actionnariat populaire qui va se développer dans divers pays européens par la suite. »[120] Des pics conflictuels éclatent régulièrement entre les publics et des dirigeants qui mettent en œuvre des politiques « hors-sol » justifiées par une novlangue marketing, significatifs d'un divorce entre les parties.

Tendant à dépasser leurs rivalités pour porter un discours commun, notamment contre l'inflation des billets et les dérives mercantiles, les groupes de supporters se sont fédérés dans des organisations comme en France l'Association nationale des supporters, au Royaume-Uni la Football supporters' Association, à l'échelle européenne Supporters Direct Europe et Football Supporters Europe, obtenant d'être mieux considérés et consultés par les instances et les clubs, voire représentés en leur sein. Les clubs ont généralisé, sur injonction de l'UEFA, les postes de « référent supporters » dévolus aux relations avec ces derniers. En Allemagne, les Fans Projekte, mis en œuvre dès la fin des années 1990, ont contribué à renforcer les liens entre ceux-ci, les clubs et les territoires[121]. Partielles et inégalement réparties, ces conquêtes sont néanmoins significatives tant les publics du football ne sont pas encore considérés comme des parties prenantes légitimes, alors qu'ils sont à la fois les consommateurs du produit football, et eux-mêmes un produit central de cette économie, monnayé au travers des contrats de diffusion et de marketing. Ne pas leur donner voix au chapitre, ignorer leurs critiques, les maintenir dans un rôle de consommateurs et d'agents d'ambiance[122] n'est plus une position soutenable.

Cette lutte met justement en lumière l'opposition entre supporters et clients. Ainsi représentée par ses deux pôles, elle est certes schématique, mais elle souligne plusieurs phénomènes : la transformation du rapport entre les clubs devenus des entreprises et leurs suiveurs devenus des consommateurs ; la distinction croissante entre les publics locaux (ceux de la ville, de la région, du pays) et les publics mondialisés – du moins pour les clubs à rayonnement international. Ces derniers s'adressent prioritairement à cette fanbase mondiale, numériquement bien plus importante, et leur invocation de l'identité historique et territoriale s'apparente souvent à un discours de communication. Le sociologue Richard Giulianotti a proposé une typologie des spectateurs de football en quatre catégories : supporters, suiveurs, fans et flâneurs. Les deux premières correspondent à des formes traditionnelles, plus susceptibles de désavouer le football actuel, quand les deux dernières sont d'émergence récente, liées à des formes de consumérisme et à des liens plus distendus avec les clubs. Le flâneur, en particulier, incarne un « spectateur postmoderne », moins lié aux communautés et aux identités footballistiques, plus fortement doté en capital social, économique et culturel, dont les préférences sont volatiles et médiées par les écrans plus que par les stades et la socialité[123].

L'épisode du lancement avorté de la Super Ligue a illustré les divergences d'intérêts entre les divers types d'amateurs de football et la compatibilité incertaine entre une marque mondiale et une institution enracinée. En avril 2021, les slogans des supporters anglais ont exprimé leur sentiment de dépossession : « Le football nous appartient. » ; « Vous n'êtes rien sans nous. » ; « Fans, pas clients. » ; « Le sport de la classe ouvrière ruiné par la cupidité et la corruption. » ; « Vous vendez nos âmes. », etc. Si cet épisode a rappelé l'influence politique du public local, il a aussi souligné son poids économique marginal. Les publics conquis sur les nouveaux territoires, mais aussi sur les nouvelles générations, sont d'emblée acquis au modèle du football élitisé – ne serait-ce que faute d'avoir connu un autre modèle. Inconscients de dérives qu'ils n'ont pas perçues, ils sont d'autant moins susceptibles de se mobiliser contre elles. En outre, une part majoritaire des publics traditionnels a été convertie au football-spectacle contemporain : Ludovic Lestrelin souligne « l'attitude ambivalente [des supporters] face à ces transformations et l'émergence d'une représentation de celles-ci comme "inéluctables". Le fatalisme est ainsi répandu. Certains individus y adhèrent même sans réserve au motif de l'amélioration du spectacle. »[124]

Si les amateurs de football sont d'une aussi grande diversité que les manières de l'aimer, les téléspectateurs (tous écrans et tous canaux confondus) forment pour les acteurs économiques un tout indistinct, une audience que l'on dénombre et que l'on vend aux annonceurs ou que l'on ponctionne par l'abonnement, dont la masse valorise tous les contrats, et que l'on ne segmente que comme des cibles marketing. Les supporters, aussi opposés soient-ils à cette marchandisation qui fait d'eux-mêmes des marchandises, sont de fait des consommateurs. Et dans leur ensemble, les passionnés ne forment pas une communauté politique et ne disposent pas d'une réelle représentation : ils ne sont pas consultés autrement qu'au travers de leurs consommations, et ils doivent compter sur les pouvoirs publics et sportifs pour garantir l'intérêt général en leur nom – mission que ces pouvoirs n'accomplissent pas, ou très insuffisamment.

* * *

Par adhésion, par fatalisme, par passivité ou par entraînement, la métamorphose économique et sportive du football s'est produite sans rencontrer d'opposition significative, ce qui a tendu à renforcer la perception de son inexorabilité. Ses « dérives » – déplorées ou non, mais généralement admises – sont elles-mêmes devenues une sorte de composante du spectacle, et c'est bien en spectateurs que la plupart des parties prenantes (autres que les acteurs économiques qui ont des intérêts directs et indirects dans la poursuite aveugle de sa croissance) continuent d'y assister. Les deux principales dynamiques des trente dernières années, la marchandisation-financiarisation et l'inégalitarisme, ont rencontré des circonstances exclusivement favorables : en résumé, un marché en forte expansion dans un grand vide politique.

5.
LA CRISE PERMANENTE

Le football professionnel européen est riche, riche à crever. Non seulement sa prospérité apparente masque une fragilité structurelle, mais sa croissance dérégulée a aussi entraîné des déséquilibres, des dépossessions, des dérives et des scandales qui nourrissent sa chronique presque autant que son actualité sportive.

UNE PROSPÉRITÉ PARADOXALE

« Le football risque la faillite. Sans intervention des institutions, on ne pourra pas continuer. »

Beppe Marotta, directeur sportif de l'Inter Milan, 21 avril 2021.

Si l'éclatement d'une supposée « bulle financière » (des transferts ou des droits de diffusion) est resté une vue de l'esprit, la crise du Covid a révélé la fragilité économique de l'industrie du football. Bien ve beaucoup moins à crédit qu'il y a ans, elle reste en équilibre précaire, ésauriser sur sa propre prospérité. ons et les sommes dépensées, ahu- que les arbres cachant une forêt et de faiblesses, d'inégalités et d'abus », ge en 2021 l'économiste Pierre Rondeau, qui pointe « une absence totale de gains de productivité, de croissance endogène, de fonds propres, de réserves, d'investissements structurels »[125]. On rejoindra le diagnostic, moins le pronostic d'une menace d'effondrement imminent. Car l'édifice a tenu le choc, et on n'a enregistré qu'une stagnation ou une régression modérée des principaux indicateurs économiques, notamment les volumes échangés sur le marché des transferts et les montants des droits de télévision renégociés durant la période.

En bonne logique, les clubs les plus riches sont de toute façon les moins touchés. Surtout, malgré l'échec de la stratégie du choc qui a présidé au lancement de la Super Ligue, les velléités de réforme voire de révolution affichées durant la crise n'ont débouché sur aucun changement de logiciel, aucune expression tangible de volonté politique chez les acteurs sportifs comme chez les pouvoirs publics, au-delà d'hypothétiques projets de régulation. La configuration est inchangée : les stratégies de réduction de l'aléa sportif se poursuivent ; une ligue européenne fermée, bien que repoussée, reste le point de fuite ; la recherche effrénée de nouveaux revenus se perpétue et, avec elle, l'accroissement des inégalités ; rien ne freine l'appétit dévorant des fonds souverains.

Le football français, installé dans une « crise » autoproclamée depuis des lustres, a certes souffert de ses faiblesses structurelles, mais il a pu compter sur les aides publiques. Au motif de l'épidémie, les clubs ont bénéficié de prêts garantis par l'État (par exemple, près de 170 millions d'euros pour l'OL), d'exonérations de cotisations patronales et même d'aides à la billetterie initialement prévues pour… les stations de ski. À ce titre, l'OM aurait par exemple récupéré 40 à 50 millions d'euros supplémentaires, récompensant pour cette habile démarche son directeur financier par une prime de 300 000 euros, selon L'Équipe[126]. Quand, à la fin de la saison 2021-2022, les Girondins de Bordeaux se sont retrouvés au bord de la faillite, des appels ont été lancés pour que les collectivités locales se portent à leur secours.

Autant d'exemples du principe néolibéral de socialisation des pertes et de privatisation des bénéfices. Le meilleur de ces exemples reste le financement des stades construits ou rénovés pour l'Euro 2016 en France par des partenariats public-privé (PPP) dont les risques étaient pourtant bien identifiés. Les collectivités ne se sont pas moins précipitées dans ce piège. En 2015, un rapport de la chambre régionale des comptes étrille l'appel d'offres et le contrat de partenariat pour l'Allianz Riviera de Nice, énumérant les anomalies, les arrangements avec les opérateurs, contestant la légitimité même d'un PPP pour cette opération, regrettant que la Ville assume l'essentiel des risques. Elle évalue le coût final pour elle, au terme des trente ans du contrat, à 400 millions d'euros, loin du maximum de 225 millions promis par le maire Christian Estrosi en 2010. La Cour des comptes a estimé en 2015 que la rénovation et l'entretien du Stade vélodrome de Marseille coûteraient 551 millions d'euros à la municipalité, un montant exorbitant – le coût d'un grand stade neuf.

Et quand le contrat de PPP est miraculeusement bien négocié par les élus, comme à Bordeaux, le concessionnaire, constatant qu'il est perdant... demande sa renégociation. Quant au Groupama Stadium de Lyon, systématiquement présenté comme « 100 % privé » par le président de l'OL Jean-Michel Aulas, il a nécessité selon la Cour des comptes 202 millions d'euros d'investissements publics, soit un tiers du coût total. Quel que soit le rapport entre fonds publics et privés, les désastres des stades de Grenoble, du Havre et du Mans (dont les clubs ont été relégués peu après les inaugurations) auraient dû convaincre que jamais les collectivités ne devraient s'engager dans des opérations que menace le risque sportif. Pour autant, la campagne en faveur de la rénovation du parc de stades français (pour rattraper le « retard » national) a été menée unanimement, sans susciter de débat ni de contradiction, en mobilisant des arguments hautement contestables au-delà des PPP présentés comme une panacée : surestimation des revenus à attendre du naming, exagération du marché des spectacles et événements qu'ils devaient accueillir, croyance en leur effet magique sur l'affluence, etc. Elle a conduit à des stades très majoritairement surdimensionnés, trop chers, mal desservis et mal remplis[127], et finalement sans effet notable sur la compétitivité des clubs français.

* * *

La crise est passée, elle aura peut-être des effets différés, elle fera des gagnants et des perdants, il y aura peut-être quelques faillites – ce ne seront pas les premières. La crise est passée et, dans le football comme ailleurs, la promesse que rien ne serait plus comme avant s'est évaporée. Cette industrie reste fragile, mais elle poursuit sa fuite en avant. Aussi sa paradoxale prospérité continuera-t-elle de reposer, tant qu'elle s'inscrira dans cette quête de croissance infinie, sur le creusement des inégalités et sur de profondes altérations du football en tant que sport, spectacle et culture populaire.

LE FOOTBALL SANS LE PEUPLE

« *Créé par les pauvres, volé par les riches.* »

Banderole de supporters
de Manchester United, avril 2021.

La gentrification des stades, au motif de leur sécurisation, a constitué une politique délibérée en Angleterre, menée de pair avec une hausse continue des prix des billets et des abonnements, adossée au regain progressif d'attractivité des compétitions nationales, et des enceintes rendues plus confortables et plus « conviviales » : les grillages disparaissent en même temps que les tribunes debout. Le rapport Taylor, consécutif à la tragédie d'Hillsborough, préconisait pourtant de modérer cette prévisible inflation afin de ne pas exclure les classes populaires. Mais dans l'Angleterre thatchérienne, celles-ci étaient jugées coupables, et les clubs ont perçu l'intérêt de faire venir un public plus discipliné et plus aisé. En 2013, le prix moyen de l'abonnement pour une saison s'élevait à 566 euros, selon The Guardian, plus du double des tarifs pratiqués en Espagne, deuxième de ce classement. À Liverpool, il est passé de 72 euros en 1990 à 857 en 2010. La moyenne d'âge dans le « kop » de Stretford End à Old Trafford, le stade de Manchester, était de 17 ans en 1968, elle était de 40 ans en 2008. Entre-temps, la mythique tribune a été débaptisée et réaménagée pour accueillir une zone VIP et un carré réservé aux familles. « En augmentant à ce point le prix des places, les clubs anglais ont éliminé de fait les plus jeunes et les plus modestes des stades. Ils ont domestiqué leur public », constatait en 2016 le sociologue Patrick Mignon[128]. Au péage à l'entrée des stades s'ajoutant celui des chaînes de télévision payantes, on a assisté à une mise à l'écart globale des spectateurs issus de milieux défavorisés.

L'embourgeoisement du public a été plus relatif dans les autres pays européens, où la composition des stades ne surreprésentait initialement pas le public ouvrier autant qu'au Royaume-Uni, et où les catégories sociales supérieures ne suffiraient pas à remplir les gradins. Il s'est plutôt agi de mettre en œuvre une segmentation des politiques commerciales, qui ménagent des prix accessibles dans les tribunes accueillant les groupes de supporters et les abonnés, et élargissent la gamme de prix vers le haut, la proportion des catégories aisées ayant sensiblement augmenté. Mais, partout, l'accès payant aux retransmissions télévisées a transformé le football en spectacle beaucoup plus onéreux.

On a évoqué, dans la partie précédente, la mise en minorité des spectateurs locaux les plus fervents en regard de la masse des fans internationaux, la contradiction entre people's game et global game. La part de revenus essentielle assurée par les « loges », auxquelles les nouveaux stades ménagent toujours plus d'espace, ce que le jargon marketing appelle « hospitalités » (accueil des sponsors, espaces loués à des entreprises, carré VIP) contribue aussi à amoindrir le sentiment d'importance des autres spectateurs, appelés à composer le décor et l'ambiance, et à consommer sans profiter, eux, de la gratuité (et du droit de consommer de l'alcool) qui prévaut dans les espaces privatifs où se rassemblent les pouvoirs économiques et politiques[129]. L'antagonisme traditionnel entre les tribunes populaires (ou « virages ») et les tribunes latérales s'est reconfiguré, les stades composant une mosaïque complexe de territoires et de publics, dont le point commun est d'être méthodiquement exploités commercialement. Lors des finales européennes, les places allouées aux supporters, malgré une demande très élevée, ne dépassent pas toujours 50 % – le reste allant essentiellement aux « partenaires » de l'UEFA.

Les stades des grands clubs accueillent, outre les invités commerciaux, une part croissante de spectateurs occasionnels et de touristes qui peuvent susciter du mépris voire de l'hostilité, ou un intérêt trivial quand les abonnés locaux leur vendent des places à prix élevés. « Le Parc des Princes est devenu une attraction majeure pour des visiteurs du monde entier, et le public plus ancien se sent mis à l'écart, le tout dans une ambiance de plus en plus aseptisée », écrit le journaliste spécialiste des supporters Philippe Broussard dans Le Monde[130]. Des tensions s'expriment entre le public traditionnel et ces nouvelles populations, par exemple quand certains groupes d'ultras déclarent indésirable l'usage des smartphones dans leurs tribunes, la mise en scène de soi-même sur les réseaux sociaux étant jugée incompatible avec le soutien à l'équipe. Ces résistances alimentent la critique plus globale de « l'aseptisation » des enceintes sportives, qui va de pair avec celle de leur marchandisation et de leur sécurisation à outrance – et qui résonne avec leur esthétique d'objets architecturaux spectaculaires, technologiques et autonomes, de plus en plus hermétiques à leur environnement. « La montée des enjeux sécuritaires est indissociable d'un processus de rationalisation économique du spectacle consistant à sélectionner la "clientèle" des stades. À la généralisation du contrôle social se superposent ainsi des logiques marchandes de plus en plus affirmées », résume Ludovic Lestrelin[131].

* * *

Le football professionnel contemporain reste-t-il une culture « populaire » ? Il l'est historiquement en tant que sport que la classe ouvrière s'est approprié (jamais exclusivement, toutefois), il l'est encore parce qu'il n'a pas été complètement arraché à ce terrain-là. Le football reste populaire au sens restreint d'une culture de masse, en réalité interclasses, au sens où il est fortement consommé et pratiqué dans les milieux populaires qui lui fournissent une grande majorité des footballeurs professionnels. Le football gentrifié, mondialisé, en conquérant de nouveaux publics, a vu ses identités territoriales, sociales et historiques se diluer dans le creuset global d'une industrie culturelle capable de recycler ces identités elles-mêmes afin de les valoriser, quitte à les réduire à des mythologies commerciales.

LES SUPPORTERS, COBAYES DE LA RÉPRESSION

« *Liberté pour les ultras !* »
« *Supporters, pas criminels.* »

Mots d'ordre des groupes de supporters en France.

Comme dans d'autres domaines de la vie sociale, la libéralisation économique a été menée en phase avec des politiques sécuritaires, répressives et attentatoires aux droits humains. Ludovic Lestrelin relève que

« de nombreux travaux ont pointé, depuis les années 1990, un processus de renforcement mutuel entre commerce et sécurité, les sociologues anglo-saxons parlant même de "marchandisation sécurisée". En somme, les enjeux économiques de plus en plus forts nécessitent un environnement sûr et conduisent à durcir le contrôle et la répression. » Pour le sociologue, « la période contemporaine se caractérise par l'alliance d'un fort contrôle de l'espace du stade et d'une marchandisation exacerbée ».[132]

À l'instar des quartiers populaires, mais de manière encore plus invisibilisée, les stades ont été un terrain d'expérimentation pour les technologies de surveillance, les privations de libertés et la brutalisation du maintien de l'ordre. La dangerosité des foules sportives étant postulée depuis la crise du hooliganisme des années 1980 et 1990, elle a justifié un régime juridique d'exception et le recours à des méthodes dont on a constaté, en France, l'extension à d'autres populations avec la répression des mobilisations sociales depuis la contestation de la loi Travail en 2016. « En raison de leur image très négative (notamment dans les milieux intellectuels), les supporters de football suscitent une indifférence générale quant à leur sort, à la différence d'autres groupes sociaux qui voient leurs droits bafoués », relève Ludovic Lestrelin[133].

Au début des années 2000, la loi Alliot-Marie de 1993, qui avait formalisé les interdictions judiciaires de stade dans un contexte d'émergence médiatique du hooliganisme et de la découverte de ses manifestations en France, était déjà détournée par certains clubs et la Ligue professionnelle pour interdire des banderoles simplement critiques contre leurs dirigeants, ou exprimant un refus du « football-business ». Certains messages font encore aujourd'hui l'objet d'un filtrage arbitraire à l'entrée des stades, comme si ces derniers devaient constituer des zones de liberté d'expression réduite. Par la suite, tout un arsenal répressif a été progressivement constitué. Les interdictions administratives de stade (IAS), adoptées sans débat parlementaire, à l'occasion d'un cavalier législatif lors de l'examen de la loi relative au terrorisme en 2006, livrent un exemple de justice arbitraire et de police préventive : elles sont établies sur la seule base de rapports policiers, sans instruction ni débat contradictoire, ni décision de justice. Alors que le recours à ce dispositif discrétionnaire ne devait être qu'exceptionnel, ne concerner que des risques de troubles graves à l'ordre public, il est devenu massif, et leur durée initialement fixée à trois mois a été portée à deux ans extensibles à trois en cas de récidive (puis de nouveau réduite à 12 et 24 mois dans la loi sur les Jeux olympiques et paralympiques en mai 2023). 75 % des IAS contestées en justice sont pourtant annulées, la plupart après leur échéance.

Les interdictions de déplacement des groupes de supporters, adoptées en 2011, prohibent – dans le périmètre d'une ville et parfois d'un département entier – les déplacements de toute personne « se prévalant de la qualité de supporter d'une équipe ou se comportant comme tel ». Une formulation qui permet abus et interprétations très libres des « menaces à l'ordre public ». Leurs fondements matériels sont pourtant si minces qu'elles tombent presque systématiquement, mais beaucoup trop tard, quand elles sont attaquées devant les juridictions administratives. Les arrêtés préfectoraux ne prennent même pas la peine d'invoquer des motifs crédibles, n'exprimant que la volonté de ne pas mobiliser de forces de l'ordre. Leur utilisation intensive trahit la volonté des pouvoirs publics de ne pas gérer ces déplacements, contrairement à ce qui est pratiqué à une échelle pourtant bien plus grande en Allemagne ou au Royaume-Uni. Il en résulte des situations dangereuses, quand les supporters visiteurs, du fait de la fermeture de la tribune qui leur est réservée, se dispersent dans les autres parties du stade, ou absurdes, quand il faut affecter des unités de police ou de gendarmerie pour s'assurer du respect de l'interdiction.

Évoquant les IAS et les interdictions de déplacement, l'avocat Pierre Barthélemy, défenseur des supporters, estimait en 2014 : « La croissance des abus des pouvoirs publics en matière de droits et libertés des supporters ne trouve pour écho que les errances ou les démissions du juge administratif, garant de la légalité des décisions de l'administration et de la cohérence de l'interprétation du droit. Confortés par des médias soit complaisants, soit interdits devant l'obscurité technique du droit, les pouvoirs publics se transforment en organe répressif sans pour autant garantir de manière plus efficiente la sauvegarde de l'ordre public. »[134] En parallèle, la Commission de discipline de la Ligue de football professionnel a adopté un régime de sanctions collectives au moindre incident (allumages de fumigènes, par exemple), comme la fermeture de tribunes ou les huis clos intégraux – des mesures impensables Outre-Manche et Outre-Rhin. « Cette approche française uniquement sécuritaire ne débouche ni sur une action constante ni sur une politique globale de gestion des supporters », regrette le sociologue Nicolas Hourcade, qui voit deux raisons à cette spécificité de la France : « Les problèmes de hooliganisme y sont, heureusement, moindres, et le football n'y constitue pas un objet politique légitime, contrairement à ce qu'il représente chez nos voisins »[135].

Il a résulté de cette démission une perte de compétences dont on a pu constater les conséquences désastreuses lors de l'Euro 2016, lorsque des hooligans russes purent agir impunément à Marseille durant des heures, et lors du formidable fiasco de la finale de la Ligue des champions, le 28 mai 2022 au Stade de France. Ignorant les avertissements des spécialistes et la configuration même des lieux, se représentant les supporters anglais sur la foi de stéréotypes vieux de quarante ans, la Préfecture de Paris et le ministère de l'Intérieur ont conduit les spectateurs de Liverpool sur un point d'engorgement terriblement dangereux, les ont aspergés de gaz lacrymogènes (augmentant ainsi les risques de mouvements de foule mortels), les ont mensongèrement accusés d'avoir suscité les incidents en se présentant avec de faux billets, et enfin les ont laissés à la merci de nombreux agresseurs dans les environs du stade. Le maintien de l'ordre à la française dans toute la splendeur de son aveuglement, et de son impunité puisqu'aucun responsable n'a été sanctionné par la suite.

Dès 2010, Nicolas Hourcade alertait : « Un problème social réel, les violences des supporters, est aussi devenu un phénomène de panique morale, véhiculant des peurs plus ou moins fondées sur lesquelles s'élaborent les politiques publiques. […] Cette politique a été essentiellement conçue en réaction à des incidents exceptionnels, lesquels suscitent, à chaque fois, les mêmes déclarations indignées, les mêmes appels à une répression accrue et un durcissement des dispositifs existants. »[136] De fait, les années Nicolas Sarkozy, au ministère de l'Intérieur puis à l'Élysée, ont été jalonnées de moments de gesticulations solennelles devant les caméras et de promesses de « tolérance zéro ». Les recommandations du remarquable Livre vert du supportérisme, coordonné en 2010 par Nicolas

Hourcade, Ludovic Lestrelin et Patrick Mignon, n'ont été que très tardivement et très partiellement suivies, et aucune politique globale, privilégiant comme en Allemagne et au Royaume-Uni les expertises et le dialogue avec toutes les parties prenantes – ainsi que les stratégies policières de désescalade –, n'a été mise en œuvre. Il en a résulté une approche par défaut, faite de brimades, de politique du chiffre (l'utilisation de fumigènes étant juridiquement un délit) et de banalisation des restrictions de libertés fondamentales. Ceci alors que le hooliganisme est plus que jamais un phénomène marginal en France.

En août 2010, près de 250 supporters qui manifestaient pacifiquement contre le « plan Leproux » (une opération de purge des tribunes du Parc des Princes, après la mort d'un supporter dans une rixe, et préparant surtout la vente du club au fonds souverain qatari QSI) ont été interpellés et, plus tard, interdits de stade. Dans le même temps, la dissolution très médiatique des groupes formels ou informels de supporters entraînait une perte d'interlocuteurs. Trois ans plus tard, le PSG a constitué de manière totalement illicite une liste noire d'environ 2 000 supporters « considérés comme ayant un comportement non conforme aux valeurs du club » afin de leur refuser la vente de billets. Ce fichier illégal a fait l'objet d'un refus d'autorisation de la CNIL en janvier 2014, avant d'être légalisé par un arrêté du ministère de l'Intérieur, le mettant en possession des autorités et à la disposition des clubs, des ligues et des fédérations alors qu'il réunissait une somme considérable d'informations personnelles, puis annulé par le Conseil d'État. La Ligue des droits de l'homme déplorait alors : « Confondant ainsi suspects de terrorisme et supporters sportifs, le ministère de l'Intérieur peaufine son fichage généralisé de la population dans une sorte de boulimie dont les libertés individuelles sont les premières victimes. »

La loi « anti-bandes » de 2010, l'état d'urgence instauré aux lendemains des attentats de 2015, les lois antiterroristes successives, la loi renseignement de 2015, la loi « anti-casseurs » de 2019 ont constitué un cadre favorable à des mesures « d'exception » souvent pérennisées et à la banalisation des restrictions de liberté. Ces législations ont trouvé des débouchés dans la gestion des foules sportives, marché lucratif pour l'industrie de la sécurité. Qu'elles visent les terroristes, les délinquants ou les supporters, elles ont aussi laissé de dangereuses possibilités de les détourner de leurs cibles initiales. En sens inverse, les expérimentations menées dans l'indifférence générale sur les supporters ont préparé leur transposition à toutes les catégories de citoyens, en particulier ceux qui se mobilisent au sein des mouvements sociaux. Ainsi, l'interdiction administrative de stade a-t-elle inspiré en 2019 l'interdiction administrative de manifester, finalement censurée par le Conseil constitutionnel, mais qui était de nouveau envisagée par le gouvernement au printemps 2023. Longtemps après avoir inauguré la généralisation de la vidéosurveillance, les stades restent des laboratoires – souvent illégalement – pour les technologies de contrôle social : reconnaissance faciale, scanners corporels ou « vidéosurveillance intelligente » avec des « caméras augmentées », à laquelle les Jeux olympiques de Paris 2024 vont servir de banc-test géant.

* * *

En ce début de décennie 2020, le dialogue entre les associations de supporters, les instances sportives et les pouvoirs publics, malgré l'absence chronique de ces derniers, a sensiblement repris, notamment sous l'égide de l'Instance nationale du supportérisme créée en 2016, permettant des avancées significatives sur des points de conflit comme l'utilisation encadrée des fumigènes ou le retour des « tribunes debout sécurisées ». Un rapport parlementaire rendu en mai 2020 estimait que de nombreux supporters ont « le sentiment d'être des citoyens de "seconde zone" auxquels s'appliquent des lois d'exception », et attribue « l'échec de la politique du tout répressif » à « l'équilibre rompu entre ordre public et libertés fondamentales » en raison d'un « usage disproportionné des outils de police administrative »[137].

Malgré tout, la doctrine du maintien de l'ordre dans les manifestations sportives reste inchangée et la criminalisation des supporters se poursuit, tout comme perdure le refus des pouvoirs publics d'assumer leur existence et d'assurer l'exercice de leurs droits. Et dans un contexte global de réduction des libertés, les spectateurs de sport et en particulier de football ont toutes les chances de rester cette population-test idéale pour les lois répressives et le marché de la surveillance.

AU SERVICE DE LEURS MAJESTÉS

« *La FIFA sera toujours derrière la Russie. Le foot fait beaucoup pour la paix. C'est particulièrement important dans la situation géopolitique actuelle.* »

Sepp Blatter, président de la FIFA,
25 juillet 2015.

Le football parvient à son degré ultime d'instrumentalisation avec sa mise au service des stratégies géopolitiques d'États, au travers de l'acquisition de clubs prestigieux, mais aussi de l'organisation de grandes compétitions. Si cette instrumentalisation jalonne l'histoire du football, de la Coupe du monde mussolinienne de 1934 à celle de la junte argentine en 1978, elle prend les formes modernes, puissantes et pernicieuses, du soft power sportif. La Coupe du monde 2022 a illustré à l'extrême les dérives contemporaines : « achetée » par la puissance financière, organisée dans un micro-État sans tradition ni public footballistique, elle a représenté une aberration écologique avec ses huit grands stades voués à rester sous-utilisés après le tournoi, et une tragédie humaine avec les milliers d'ouvriers morts sur les chantiers. La portée sinistre de la précédente édition du Mondial, en Russie en 2018, n'a été reconnue que rétrospectivement, mais Vladimir Poutine ne s'y était pas trompé : « Les gens comme M. Blatter ou les grands dirigeants de fédérations sportives internationales ou de comités olympiques méritent une reconnaissance particulière. Si des gens méritent le prix Nobel, ce sont ces gens-là », lâchait-il en juillet 2015.

La FIFA trouve son intérêt dans la collaboration avec ses États. Ils ont la capacité financière d'organiser des grands événements sportifs dont les coûts économiques et écologiques sont jugés de plus en plus inacceptables, y compris dans les pays riches, et compensent ainsi la pénurie de candidats. Peu démocratiques, ils étouffent les oppositions et les critiques, et sont capables de mobiliser tous leurs moyens. Le Mondial 2014 au Brésil avait été précédé d'un large mouvement social dopé par le ressentiment contre les fonds publics engloutis dans son organisation, amenant Michel Platini, alors vice-président de la FIFA, à appeler les Brésiliens à faire une « trêve » et un « effort »[138]. En avril 2013,

Jérôme Valcke, secrétaire général de la FIFA, admettait : « Un moindre niveau de démocratie est parfois préférable pour organiser une Coupe du monde. » Un des volets de la diplomatie sportive des nouvelles puissances sportives consistant à entrer dans les grandes fédérations sportives internationales, elles y exercent une influence directe, créant une intimité qui tourne à la franche complicité. En créant un groupe de médias acheteurs des droits des compétitions, BeIN Sports, le Qatar a aussi créé une dépendance économique à son égard.

Évidemment, cette complaisance oblige à reconfigurer le système des « valeurs » présumées du sport, et à prendre le parti d'une guerre culturelle qui entérine les nouveaux rapports de force sur la scène diplomatico-sportive internationale. À Doha, où il s'était installé avec sa famille en octobre 2021, son président Gianni Infantino a réinterprété la théorie du « choc des civilisations », renvoyant l'Europe donneuse de leçons à ses turpitudes passées pour disqualifier la défense des libertés fondamentales et les préoccupations environnementales. Plus par électoralisme que par tiers-mondisme, il a pris le parti du « Sud » et du monde musulman en l'opposant à « l'Occident » – celui des croisades plutôt que celui où des droits humains et sociaux ont été conquis et sont défendus. Un crime en justifie un autre et retire le droit de le dénoncer, l'esclavage d'hier excuse l'esclavage moderne. L'homophobie institutionnelle, le mépris des droits humains, l'exploitation brutale de sous-citoyens ne relèvent plus que d'une tradition à respecter. Tout le monde devrait se satisfaire de la promesse mensongère d'une Coupe du monde neutre en carbone, des « grandes réformes » (rétablissant, trop tard, une fraction seulement des droits élémentaires des travailleurs, et partiellement appliquées), et des brassards « Save the Planet » arborés par les capitaines.

« Il est triste de ne plus pouvoir parler de football », a déploré le président de la FIFA. Dieu rit peut-être des hommes qui déplorent les effets dont ils chérissent les causes, mais ici-bas, il y a plutôt de quoi pleurer. Au moins le mythe de l'apolitisme du sport a-t-il achevé de voler en éclats au cours des dernières années, révélant toute son hypocrisie : d'un côté, le droit offert aux régimes illibéraux, autoritaires ou dictatoriaux de mettre le sport à leur service ; de l'autre la prohibition de l'expression militante des sportifs et de la société civile. La sanctuarisation des stades n'est plus tenable, parce qu'après être devenus le théâtre des plus grossières opérations de sportwashing et de greenwashing, les voilà perméables aux conflits géopolitiques, mais aussi aux mobilisations sociales. Ce discrédit, contenu dans le périmètre des opinions des démocraties libérales, n'est toutefois pas suffisant pour changer les rapports de force. Les Coupes du monde 2018 et 2022 ont objectivement profité à la Russie et au Qatar, la dernière édition ayant démontré que la compétition pouvait être organisée « hors-sol » : la fascination qu'elle exerce et l'excitation qu'elle suscite ont largement amoindri l'effet des critiques. Le football a le pouvoir d'ensevelir ses turpitudes sous la beauté du jeu.

* * *

Constatant le succès de son voisin, l'Arabie saoudite a confirmé son investissement dans la diplomatie sportive : elle postule à l'organisation d'un Mondial, a racheté Newcastle United et s'est lancée à l'été 2023 dans une vaste campagne de débauchage de joueurs – dont les Ballons d'or Cristiano Ronaldo et Karim Benzema, et d'autres de valeur, pas toujours vieillissants – pour son propre championnat, en proposant des montants de transfert et des salaires totalement hors-marché. La Chine aussi convoite la Coupe du monde. Compte tenu de la position minoritaire, dans les organisations sportives internationales, des nations qui défendent le conditionnement des attributions au respect des droits humains, ces candidats ont toutes leurs chances. Dans un monde « multipolaire », le nouvel universalisme marchand du mouvement sportif international adopte une conception particulière de la tolérance : une tolérance aux pires régimes.

UNE CORRUPTION INSTITUTIONNELLE

« *Sepp Blatter est un voleur, un corrompu et un fils de pute. Ces gars-là vont être millionnaires au détriment de la Coupe du monde au Brésil et rien ne se passe.* »

Romario, ex-international brésilien[139].

La jungle des holdings et des sociétés écrans propriétaires des clubs et celle du marché des transferts favorisent les pratiques d'évasion fiscale, mises en exergue par les affaires qui ont suivi certains transferts spectaculaires, conduisant aux condamnations de Lionel Messi, Cristiano Ronaldo et Neymar (et de bien d'autres joueurs) pour avoir dissimulé une partie de leurs revenus dans des sociétés offshore. Les clubs sont parties prenantes de ces fraudes et ces stratégies d'évitement, en profitant notamment des trous dans la raquette fiscale à l'égard des droits d'image versés aux joueurs. En juillet 2019, la Commission européenne a ajouté le football professionnel à la liste des produits et services

« potentiellement vulnérables » au blanchiment d'argent ou au financement du terrorisme, constatant que « l'organisation complexe du football professionnel et le manque de transparence ont créé un terrain fertile à l'utilisation de ressources illégales. Des sommes d'argent douteuses sont investies dans ce sport, sans gains financiers apparents ou explicables ». De nombreux rapports ont alerté, soulignant que « le secteur peut être utilisé afin de blanchir le produit d'activités criminelles »[140].

En ouvrant grand ses portes aux paris sportifs, le football a favorisé les réseaux de paris illégaux et les matches truqués (dans les divisions inférieures et des championnats peu prestigieux, l'élite étant moins facilement achetable et plus exposée publiquement). Les sociétés dûment agréées par les autorités publiques sont majoritairement logées dans des paradis fiscaux, et les groupes auxquels certaines appartiennent entretiennent des liens avec le marché gris ou noir. Elles exploitent – avec la complicité des États, des clubs, des joueurs, des médias spécialisés, des ligues et des fédérations, qui trouvent en elles de nouveaux financeurs – un vaste marché de la dépendance entraînant des dégâts sociaux et sanitaires parfaitement connus.

La corruption est devenue institutionnelle au sein de la FIFA. L'attribution au Qatar de la Coupe du monde 2022 a tout de même déchaîné une tempête judiciaire internationale autour du « FIFAGate » (ou « QatarGate »). Dès 2011, elle bannit à vie le Qatari Mohammed Bin Hammam, cheville ouvrière de la candidature et vice-président de la FIFA, pour avoir tenté d'acheter des voix afin de s'en faire élire président. En 2014, au terme d'une enquête interne et d'un grand ménage au sein de son comité exécutif, la confédération ne reconnaît que des « conduites douteuses ». En 2015, la justice suisse identifie « plus de 120 transactions financières suspectes » dans le cadre de cette attribution. Une ancienne employée du comité de candidature affirme que des dignitaires qataris ont proposé, en janvier 2010, 1,5 million de dollars à trois membres africains du comité exécutif. Dans un acte d'accusation de mars 2020, un procureur fédéral de New York assure que plusieurs membres votants ont « reçu des pots-de-vin en échange de leur voix en faveur du Qatar ».

En France, après trois ans d'enquête, le Parquet national financier ouvre en 2019 une information judiciaire pour « corruption active et passive ». Il s'intéresse à un déjeuner à l'Élysée qui a réuni, le 23 novembre 2010 – neuf jours avant le vote –, Michel Platini, alors président de l'UEFA et vice-président de la FIFA, le président de la République Nicolas Sarkozy et Tamim ben Hamad Al Thani, futur émir du Qatar. Platini y aurait été incité à voter pour l'émirat plutôt que pour les États-Unis – entraînant d'autres votes européens qui ont fait basculer le scrutin. Quelques mois plus tard, le Paris Saint-Germain est racheté par le fonds souverain qatari QSI, avec Nicolas Sarkozy comme entremetteur. La chaîne qatarie BeIN Sports acquiert une partie des droits de télévision du championnat de France. Laurent Platini, fils de Michel, est embauché fin 2011 par l'équipementier sportif qatari Burrda. Les magistrats instructeurs du PNF soupçonnent l'existence d'un pacte corruptif liant ces parties. Un rapport de l'Office central de lutte contre la corruption et les infractions financières et fiscales de janvier 2020, révélé par Mediapart, ajoute un « possible financement illégal » et rétrospectif de la campagne présidentielle 2007 de Sarkozy par des fonds qataris, en 2011[141]. Selon la cellule investigation de Radio

France et le magazine de France 2 « Complément d'enquête », la vente de 24 avions Rafale en 2015 pourrait faire partie de ce « deal global ». Le tournoi se terminait quand a éclaté le scandale de corruption au Parlement européen, qui n'a suscité, de la part du Qatar, que des menaces de représailles, campé sur sa position de force dans la crise énergétique et sur la nouvelle légitimité issue de son momentum.

* * *

« Les Qataris ont acheté le Mondial. » Jérôme Valcke, alors secrétaire général de la FIFA, dira aux enquêteurs qu'il désignait, dans ce mail adressé à un autre responsable en 2011, les moyens financiers mobilisés par l'émirat, pas des faits de corruption. Mais de fait, tout, dans le football, est achetable : une Coupe du monde, le comité exécutif de la FIFA, un club ou plusieurs clubs, un joueur ou toute une équipe. Il y a les faits de corruption au sens juridique, et la corruption générale du football par l'argent et le cynisme mercantile. La FIFA est devenue une vaste plateforme de trafic d'influence, un organe redistributeur qui fertilise les nombreuses administrations du football dans le monde, au motif du développement du football, et qui gratifie ses dirigeants de salaires exorbitants.

LE FOOTBALL NE S'APPARTIENT PLUS

« *Aujourd'hui, l'équipe de France est black-black-black, ce qui fait ricaner toute l'Europe.* »

Alain Finkielkraut, 18 novembre 2005[142].

Les évolutions décrites ici ont conduit à déposséder le football de lui-même, livré par sa financiarisation à des intérêts qui lui sont étrangers et nuisent directement à plusieurs des principes sportifs fondamentaux, à commencer par l'équité et l'incertitude sportives. Parallèlement au déracinement des grands clubs devenus des franchises mondiales, dont les signes distinctifs sont gommés pour achever leur transformation en marques, certains projets confirment la volonté de « déterritorialiser » un football européen dont l'hégémonie mondiale incite à finalement le « déseuropéaniser ». Les tournées estivales organisées par les grands clubs sur les marchés en développement (Amérique du Nord et Asie, auxquelles s'est ajouté le Moyen-Orient, en omettant significativement l'Afrique et l'Amérique du Sud, sans intérêt économique suffisant) ont marqué le début de cette tendance.

Les « supercoupes » nationales, matches qui opposent le champion au vainqueur de la Coupe sont régulièrement organisées à l'étranger : à Pékin, Shanghai, Doha, Djeddah, Ryad pour l'Italie, dans ces deux dernières villes pour la Supercoupe espagnole, à Montréal, Pékin, Radès, Tanger, New York, Libreville, Schenzen pour l'équivalent français. La Ligue espagnole, mise en échec par des recours en justice, a tenté à plusieurs reprises de délocaliser des matches de championnat aux États-Unis. La tentation d'imiter les ligues nord-américaines, qui organisent certaines rencontres de NBA (basket) ou NFL (football américain) en Europe, s'est aussi emparée de la Premier League et de la Ligue 1, contre la FIFA qui s'y oppose encore. Au printemps 2023, l'UEFA envisageait de déplacer la finale, voire d'autres rencontres de la Ligue des champions en Amérique du Nord à partir de l'édition 2025-2026. L'organisation du « Final 8 » de la compétition au Portugal en 2020, en raison de l'épidémie de Covid, lui a donné des idées : cette formule en un lieu unique permettrait d'événementialiser la phase finale et d'augmenter les revenus.

Jouer loin de son propre pays manifeste un mépris aussi bien pour les supporters que pour l'impact environnemental qu'impliquent de tels déplacements. La programmation de certaines rencontres à des horaires fantaisistes, mais favorables aux audiences sur d'autres continents, est une autre manière de privilégier des publics lointains. La Copa América (championnat sud-américain des nations) a déjà accueilli... le Japon et la Qatar, ce qui fait écho à l'accueil par la coupe d'Europe de rugby de clubs sud-africains en 2022 ou au projet d'intégrer l'Afrique du Sud au Tournoi des VI nations. La logique de « marque » s'étend aux compétitions, qui peuvent alors être détachées de leurs territoires. On se rapproche ainsi du moment où certains clubs, transformés en « franchises » à l'américaine pourront eux-mêmes déménager dans une autre ville.

En 2002, la Fédération anglaise avait autorisé la relocalisation du Wimbledon FC dans la ville nouvelle de Milton Keynes, située... à 90 kilomètres de Wimbledon, où un nouveau stade était projeté. Le club avait été contraint d'abandonner son nom puis son palmarès, récupérés par le Wimbledon AFC, refondé par ses supporters. Les dirigeants de Manchester City imaginent pour leur part remplir un stade dans le metaverse, comme pour passer de la délocalisation à la dématérialisation. En 2012, le propriétaire malaisien de Cardiff City abandonne le bleu historique du club au profit du rouge. En 2014, le nouvel actionnaire majoritaire de Hull City souhaite changer le nom du club en « Hull Tigers », mais échoue face aux supporters. Si ces cas extrêmes sont jusqu'à présent restés marginaux, ils définissent ce qui est devenu possible. De manière bien plus banale et générale, le naming des stades, la marchandisation de tous les symboles, l'accaparement des ressources par une petite caste de clubs, les clubs réduits à des entreprises, les stades à des centres de profit, les footballeurs à des actifs spéculatifs et les spectateurs à des consommateurs, tout contribue à un vaste mouvement de dépossession du football, qui ne s'appartient plus – littéralement.

En France, on a pu observer une autre forme de spoliation du football par des intérêts extérieurs, politiques cette fois, après le tournant de la Coupe du monde 1998. Au-delà de l'aimable récupération par Jacques Chirac et Lionel Jospin, ravis de figurer sur les photos de la finale, le label « black-blanc-beur » avait été apposé sur l'équipe de France pour lui faire incarner la diversité de la nation et ses vertus intégratrices. Un symbole positif, mais dont l'absence de traduction dans une société de plus en plus excluante et déchirée par les intolérances a préparé le terrain à un nauséabond retour de bâton, à un épanchement du ressentiment accumulé – une « punition céleste » selon Éric Zemmour[143].

L'inoffensif envahissement de la pelouse de France-Algérie par de jeunes spectateurs, le 6 octobre 2001 au Stade de France, a marqué le début d'une série de grands psychodrames nationaux orchestrés autour du football. S'ouvrit alors le procès permanent des « racailles » qui souillent le saint suaire de l'équipe de France, refusent d'entonner le chant sacré de la patrie (une obligation créée de toutes pièces), l'hymne étant en outre sifflé par leurs congénères en tribune (France-Maroc 2007, France-Tunisie 2008), qui réclament des menus halal, répondent mal aux journalistes, refusent de signer des autographes pour les enfants, font le mur pour aller en boîte de nuit, etc. On peinerait à établir la liste des scandales déclenchés pour des incivilités dérisoires, mais durant cette période, le ban et l'arrière-ban du réactionnariat – éditorialistes, élus, intellectuels médiatiques (d'Éric Zemmour à Alain Finkielkraut) – s'évertuèrent à mener le procès des origines et à projeter sur le football leurs fantasmes identitaires[144].

Ce feuilleton quasiment permanent dans les années 2000 connut son apogée lors de la Coupe du monde 2010 en Afrique du Sud avec la grève des joueurs et leur fiasco sportif. L'ampleur et la teneur des réactions politiques – convocation de Thierry Henry à l'Élysée, prises de paroles solennelles de la ministre des Sports, auditions à l'Assemblée nationale – démontrèrent que la France était plus malade que son football, qu'elle était malade de ses crispations identitaires. Entre 2010 et 2013, le pays a connu ce que le sociologue Stéphane Beaud, qui a consacré deux ouvrages au sujet[145], a qualifié de « processus d'"hystérie collective" », durant lequel « le sociologue avait devant lui une sorte de laboratoire social, et plus exactement un cas "chimiquement pur" de stigmatisation par les médias dominants d'un groupe étroit, les joueurs de foot, "trop payés" et "idiots culturels" et, par ricochet, du groupe social dont ils auraient été les représentants, celui des jeunes de banlieue »[146]. La stigmatisation infusa jusqu'au sommet de la Fédération.

L'affaire des quotas, révélée par Mediapart en avril 2011, fit découvrir qu'au sommet de la FFF et dans l'encadrement de l'équipe de France, on envisagea sérieusement en 2010 de mettre en œuvre une politique discriminatoire en limitant le nombre de joueurs noirs et arabes dans les centres de formations fédéraux, voire dans ceux des clubs. La démarche procédait pour une part du refus de voir les joueurs binationaux, formés en France et appelés en sélections de jeunes, choisir ensuite une autre équipe nationale. Cette manière de voir, qui exagérait l'ampleur de la perte sportive (les tout meilleurs joueurs continuent très majoritairement d'opter pour la sélection française), exprimait un mélange d'étroitesse d'esprit et d'ingratitude, tant les anciennes colonies ont fourni de joueurs aux Bleus. Pour une autre part, elle s'appuyait sur des stéréotypes d'une effarante bêtise, assimilant les origines à des caractéristiques physiques, des mentalités et des styles de jeu (les « Blacks » « grands, costauds, puissants », pas très intelligents dans le jeu, selon les propos du sélectionneur Laurent Blanc), stéréotypes que la Direction technique nationale, en y adhérant, avait elle-même entretenus au travers de ses politiques de recrutement.

Le procès des origines rebondit sporadiquement par la suite, notamment avec l'affaire dite de la sextape impliquant Karim Benzema, cible privilégiée, auquel on a toujours reproché bien plus que ce qu'il a commis[147]. Mais la reprise en main de la sélection par Didier Deschamps et le retour de bons résultats sportifs finirent par éteindre les poursuites. Quand la sélection acheva la finale de la Coupe du monde 2022 avec dix joueurs de champ noirs, les commentaires racistes vinrent surtout de l'étranger, et des incontournables du genre (Éric Zemmour, Marion Maréchal, Sébastien Chenu). Avec un peu d'optimisme, on dira que la France s'est résolue à laisser un peu plus le football à sa place, celle d'un sport, aussi démesurée soit sa médiatisation.

* * *

Marchandisation, financiarisation, instrumentalisation : le football est dépossédé de lui-même de bien des façons. Il l'est aussi par les manipulations génétiques aventureuses dont il l'est l'objet, comme l'instauration de l'arbitrage vidéo et les changements de règles improvisés qui ont suivi. On dit le football menacé, chez les jeunes générations, par la concurrence d'autres industries culturelles, comme les jeux vidéo, ou par les nouveaux modes de diffusion et de réception proposés par les réseaux sociaux et les canaux numériques. Certains apprentis sorciers, comme le président de la Juventus Turin Andrea Agnelli, vont jusqu'à prôner de l'adapter aux formes modernes de consommation des contenus : il faudrait réinventer et délocaliser les compétitions, raccourcir la durée des matches pour les rendre plus digestes, ajouter des règles fantaisistes, etc. Ceux-là prennent leurs problèmes pour ceux du football, sans voir la contradiction dans leur désir de réformer un sport qui a conquis la planète et atteint des niveaux de visibilité et de prospérité inédits dans son histoire.

On n'aura pas, ici, établi le catalogue complet des « dérives » du football, certaines n'ont été qu'effleurées : la dévaluation du football de sélection au profit du football de clubs, la surmédicalisation des joueurs et la lutte insuffisante contre le dopage, vaste refoulé du football, le trafic d'êtres humains que le marché des transferts recouvre, le coût environnemental des compétitions et du mode de vie des clubs professionnels, etc.

UN AUTRE FOOTBALL EST-IL POSSIBLE ?

« Un autre football est possible » : ce fut le titre mis en couverture du premier numéro du mensuel des Cahiers du football, en décembre 2003. Le photomontage représentant David Beckham en Che Guevara indiquait que nous mettions de la dérision dans ce mot d'ordre, conscients que le seul « autre football » vers quoi tout nous précipitait était un football pire encore. Disons qu'un autre football aurait été possible si l'on avait pris la mesure de ce qui lui advenait. Et qu'un autre football reste possible si l'on prend la mesure de ce qui lui est advenu : un football ouvert et incertain, qui préserve l'équité, un football démocratique qui appartient à son peuple, un football célébré avec passion dans les tribunes et avec vigilance dans les médias. Céder au fatalisme, ce serait l'assurance que rien ne change. D'un programme de réformes réalistes à une révolution, tout reste imaginable, sinon probable.

EN MARGE, DES CONTRE-MODÈLES

S'il n'existe pas de contre-modèle de football professionnel, il est des modèles plus vertueux que d'autres. L'Allemagne cumule de nombreuses vertus : gestion globale, concertée et intelligente du supportérisme ; volonté de ménager des tarifs accessibles pour les spectateurs ; limitation de la présence des paris sportifs ; dispositif du « 50+1 » qui interdit à un propriétaire privé de prendre le contrôle majoritaire du capital d'un club, etc. En mai 2023, les clubs professionnels ont voté contre l'ouverture de négociations avec une société de capital investissement qui – comme en Espagne et en France – aurait injecté du cash (2 milliards d'euros) en échange d'une ponction de 12,5 % sur les droits de diffusion durant vingt ans. Plusieurs clubs et associations de supporters ont estimé que cet accord hypothéquerait les ressources du football allemand, contraindrait à rendre des comptes à ce prêteur plutôt qu'aux publics, et entraînerait une hausse du prix des places et des abonnements aux diffuseurs. Ce contre-modèle est d'autant plus crédible qu'il est économiquement prospère : les stades allemands – les plus grands d'Europe – affichent des taux de remplissage exceptionnels, à hauteur de 90 %. L'Allemagne n'échappe pas à bien des travers communs (un niveau élevé de marchandisation, l'hégémonie d'un seul club), mais le football y est spontanément considéré comme un phénomène social qui appartient à la société, comme une culture et un objet politique. On y estime qu'il doit être défendu comme tel, qu'on ne peut pas sacrifier à la compétitivité ni laisser vendre à des intérêts extérieurs. Voici bien le socle des principes fondamentaux que les pouvoirs sportifs et publics devraient faire respecter au lieu de s'en tenir à des discours incantatoires.

On peut aussi trouver des clubs exemplaires, qui accordent une réelle importance à leur rôle social et leur ancrage dans la communauté, voire qui endossent un rôle militant, comme le FC Sankt Pauli de Hambourg ou le FC Union de Berlin, de nature à leur faire représenter une opposition au football business. Le Betis Séville s'est engagé dans un ambitieux programme de réduction de ses impacts environnementaux. Certains clubs cultivent leur identité populaire (le Rayo Vallecano) ou régionale (l'Athletic Club Bilbao avec son recrutement presque exclusif de joueurs basques). Des idylles plus ou moins durables se nouent entre des équipes et leur public, particulièrement quand le second a participé au sauvetage des premières, tels le RC Lens et le RC Strasbourg… lequel a été racheté en juin 2023 par le groupe détenant Chelsea. Les « belles histoires » foisonnent, celles de clubs qui ont remonté l'échelle avec plus de foi que de moyens, comme Northampton Town, Exeter City, Wimbledon AFC ou Luton Town qui a accédé à la Premier League en 2023. Ces exemples vertueux restent pourtant minoritaires dans les premières divisions nationales, où il est impossible de s'affranchir de la compétition économique.

C'est logiquement dans les divisions inférieures que l'on dénombre le plus d'expériences alternatives, comme celle du mouvement italien calcio popolare, qui fédère des clubs dirigés de manière coopérative. En Angleterre, des supporters écœurés par le devenir de leurs clubs de cœur sont allés jusqu'à en refonder de toutes pièces en repartant tout en bas de l'échelle. Le plus célèbre est le FC United of Manchester, qui illustre la volonté de privilégier l'aspect communautaire sans négliger la performance sportive : l'équipe fanion a accédé à la sixième division nationale et a développé ses infrastructures, dont un stade de 4 400 places inauguré en 2015. Au Royaume-Uni, environ 150 supporters' trusts permettent de participer à la gouvernance des clubs, de prendre des parts au capital, voire de monter des projets de reprise.

Pour autant, le modèle d'actionnariat populaire, préconisé par certains groupes de supporters dans l'espoir de reprendre leur club à ses propriétaires, comme à Nantes, s'avère inadapté pour le plus haut niveau. La valorisation des clubs les met hors de portée des souscriptions et des campagnes de financement participatif. D'autre part, les statuts coopératifs ne permettent pas, faute d'investisseurs extérieurs, de s'aligner financièrement sur les autres clubs. L'actionnariat populaire est très indiqué pour reprendre un club en faillite, comme le SC Bastia, en dépôt de bilan et rétrogradé en cinquième division en 2017, devenu une société coopérative d'intérêt collectif (Scic). Le club corse a retrouvé son statut professionnel et évolue en Ligue 2. Mais pour nourrir plus d'ambition sportive, la logique est de repasser la main à des repreneurs, comme ce fut le cas à Portsmouth et Swansea, outre-Manche.

Le football féminin, dont le développement sportif et économique est significatif, propose en soi un de ces « footballs alternatifs » dans lesquels on peut retrouver un peu d'innocence, même si ce développement l'expose aux mêmes travers que son homologue masculin, à l'heure où les grands clubs cherchent à s'emparer de ce qui constitue pour eux un nouveau marché. Au niveau amateur, malgré une forme de contamination dans les clubs qui cherchent à faire émerger de futurs professionnels et imposent aux enfants un régime de compétition et de concurrence, la pratique du football reste un formidable support de liens sociaux et d'apprentissage. On y observe aussi un foisonnement de clubs à vocation militante qui embrassent diverses causes comme celle des LGBTQI ou de la défense des droits des migrants. La FSGT poursuit sa mission d'éducation populaire par le sport et propose une pratique conviviale[148].

En somme, le football contemporain ménage des refuges dans ses marges, dans l'ombre écrasante de son élite internationale, qui forme un monde à part et au sein de laquelle peu de perspectives de véritables changements semblent envisageables. Sur ce terreau fragile, mais tenace, on peut faire vivre d'autres footballs qui rendent plus perceptible le cynisme du football professionnel, et qui forment une sorte de noyau militant en mesure d'inspirer et de soutenir les projets de restauration de l'autonomie du football. On trouvera maints exemples de ces expériences alternatives et militantes dans l'indispensable Histoire populaire du football de Mickaël Correia, ainsi que sur le site Dialectik Football[149].

RÉFORMER À DÉFAUT DE RÉVOLUTIONNER

Si une révolution est hautement improbable, le football d'élite devenu élitiste est-il réformable ? Sous l'effet du choc suscité par le lancement de la Super Ligue, les voix qui s'expriment depuis longtemps en faveur d'une intervention des pouvoirs publics et sportifs ont été mieux entendues. « Il y a une marge, non pas pour révolutionner, mais au moins pour rendre le football un peu plus durable pour un certain nombre de clubs », assure Raffaele Poli[150]. Le diagnostic est clairement établi, les solutions sont connues, mais les conditions de leur mise en œuvre ne sont pas encore réunies.

Pour observer cette inflexion, c'est encore du côté de l'Angleterre qu'il faut regarder, inépuisable source de paradoxes. L'implication de six clubs de Premier League dans le putsch de la Super Ligue, l'autorisation controversée du rachat de Newcastle United par un fonds saoudien, la « découverte » tardive des liens du propriétaire de Chelsea Roman Abramovitch avec le régime de Vladimir Poutine ont contribué à engager une réflexion et à envisager de légiférer. Un rapport coordonné par Tracy Crouch, députée conservatrice et ancienne ministre des Sports, rendu fin 2021, a mis à l'agenda du gouvernement une série de mesures : dispositifs renforcés de contrôle de la gestion des clubs, « tests » et critères éthiques plus stricts pour leurs potentiels acquéreurs, redistribution plus équitable des revenus vers les divisions inférieures.

Afin d'assurer une meilleure représentation des supporters dans la gouvernance de ceux-ci, deux dispositifs pourraient être imposés aux clubs professionnels : un shadow board, conseil consultatif, et une golden share, part du capital sécurisée qui leur donnerait un droit de veto sur les couleurs, le nom, le maillot, le stade du club et les compétitions dans lesquelles il évolue. La disposition la plus spectaculaire consisterait en la création d'un régulateur indépendant qui réduirait l'autonomie de la Premier League et veillerait à l'application des réglementations. Ce « New Deal For Football » ne serait toutefois pas appliqué avant plusieurs années et, d'ici-là, il sera menacé par l'opposition des grands clubs et les changements d'orientation politique.

Pour mettre en œuvre une régulation plus globale, notamment pour limiter la course aux armements, un arsenal de dispositifs est disponible[151] : salary cap (plafonnement des salaires) ; limitation du nombre de joueurs dans l'effectif et de joueurs prêtés ; revalorisation des indemnités de formation et de la contribution de solidarité ; calcul objectivé des montants de transfert ; interdiction des transferts de mineurs ; instauration d'une chambre de compensation pour tracer les flux financiers ; extension au niveau européen de la « taxe Buffet » sur les droits de diffusion (redistribuée au sport amateur).

Les difficultés d'ordre technique sont toutefois multiples. Ces mesures comportent des effets pervers qu'il faut limiter. Un salary cap, par exemple, aurait une portée très différente selon qu'il serait indexé sur le chiffre d'affaires ou fixé dans l'absolu ; par ailleurs, il se ferait au détriment des revenus des joueurs et au bénéfice des actionnaires. Surtout, prises isolément, ces mesures seront soit inefficaces, soit contre-productives : il faut consentir à une réforme globale sous l'impulsion de l'UEFA et avec l'aval de l'Union européenne. « Une harmonisation européenne est obligatoire pour éviter une distorsion de concurrence entre les championnats »[152], souligne Loïc Ravenel. Or, au sein de l'UE, l'heure est encore à une concurrence fiscale et sociale de tous contre tous qui favorise les moins-disants. De telles réformes imposent aussi d'aménager des exceptions à la libre circulation des travailleurs et des capitaux, c'est-à-dire de donner consistance à la spécificité des activités sportives, à une « exception sportive ». Or aucune volonté politique collective ne se manifeste aujourd'hui parmi les pays membres.

Au-delà des dispositifs de régulation, il s'agirait aussi de remettre en cause des principes de nature idéologique. « Il y a clairement la nécessité de changer d'objectif prioritaire, ou en tout cas le compléter. Il faut mettre la question des inégalités au centre du débat politique dans le foot », confirme Raffele Poli. Pour toucher au nerf de la guerre, il faudrait assurer une redistribution plus équitable des revenus qui, au lieu d'accroître les écarts de richesse, devrait contribuer à les réduire. C'est-à-dire contrecarrer la dynamique « naturellement » inégalitaire de l'accumulation de capital sportif et économique, actuellement démultipliée par des mécanismes artificiels qui reposent sur l'idée que ceux qui « investissent » le plus « méritent » une plus grosse part. Inverser ce principe, récompenser ceux qui surperforment avec peu de moyens, ce serait prendre pour priorité de recréer du challenge sportif, comme le fait la NBA – mais à l'échelle de toute la « pyramide » du football et non à celle d'une ligue fermée.

Il faudrait également remettre en cause des évolutions très avancées, avec en particulier une interdiction stricte de la multipropriété des clubs et des fonds souverains, ce qui implique là aussi de recréer un cadre juridique européen spécifique en considérant que le football professionnel n'a pas pour but premier une quête infinie de ressources et de profits, mais doit assurer un équilibre financier indissociable de l'équilibre sportif. Sinon la décroissance, du moins une sortie du modèle de croissance à tout prix.

Une des clés politiques pour rendre possibles des changements profonds réside dans l'adoption d'une gouvernance plus collective des clubs et des gouvernements sportifs, avec l'entrée des publics – supporters, spectateurs, téléspectateurs – dans leurs instances de direction afin de restaurer un principe de « propriété collective » du football défini comme un bien commun, un patrimoine culturel qui ne peut être livré aux seuls intérêts économiques. Cela implique de sortir les fédérations et les confédérations de leur gouvernance autocratique, de leur avidité et de leur tropisme impérialiste. Assurer une réelle représentativité du football de la base et des publics permettrait de lutter contre un exercice du pouvoir derrière des portes fermées, où le manque de transparence et de responsabilité est la règle. L'heure est venue d'interroger la vocation et de redéfinir les missions des fédérations, de leur accorder un devoir et un pouvoir éthiques forts, de leur imposer des organes de contrôle indépendants, de les obliger à mener une réflexion permanente sur le jeu et ce qui le menace, à rendre des comptes. Elles doivent évidemment mettre un terme à la contradiction consistant à défendre le système pyramidal des promotions-relégations tout en favorisant des mécanismes qui freinent la circulation vers le haut et rendent plus improbables les réussites depuis les barreaux inférieurs de l'échelle.

Il peut sembler paradoxal de défendre le monopole, sur l'organisation des compétitions, de confédérations à ce point compromises dans les évolutions critiques du football, mais la disparition de ce monopole précipiterait définitivement ce sport dans un régime exclusivement mercantile. Les fédérations et les confédérations sont des démocraties imparfaites, profondément malades dans le cas de la FIFA, mais elles sont les lieux où doit être défendu un football démocratique contre sa privatisation par des intérêts privés et son instrumentalisation par des États.

Si l'on identifie donc des contre-modèles vertueux, des initiatives positives et même un relatif consensus quant au diagnostic et aux thérapies, si un programme de réformes pourrait être appliqué de manière réaliste, les conditions d'une « contre-révolution libérale » sont loin d'être réunies, faute d'une politisation de la question du football, fautes de mobilisations populaires suffisantes, faute de le définir comme un domaine nécessitant l'intervention de la puissance publique. L'espoir est toujours permis, il doit même être entretenu : les grands bouleversements historiques s'annoncent rarement et le fatalisme est le meilleur allié du statu quo. Mais on mesure l'ampleur des forces à contrecarrer, la faiblesse des contre-pouvoirs et le pouvoir de séduction de ce football-là.

UN SPECTACLE IRRÉSISTIBLE

Le football élitiste contemporain impose un nouveau paradigme, celui d'une industrie culturelle mondialisée dans laquelle le spectacle l'emporte sur la compétition telle que le modèle européen du sport l'avait définie. Si le sport moderne a d'emblée constitué un spectacle et a été immédiatement marchandisé, puis de plus en plus marchandisé, plusieurs points de basculement ont été franchis au cours des trente dernières années, au point de redéfinir le rapport entre sport et spectacle au détriment du premier. Non seulement la logique de la ligue fermée s'est affirmée, ne réservant de véritable équilibre compétitif qu'aux affrontements au sein d'une caste de clubs, mais le spectacle s'est imposé à la compétition dans le même mouvement. L'incertitude sportive a été méthodiquement circonscrite au profit d'une certitude de spectacle, d'une garantie de spectacle : le show premium des superclubs alignant des superjoueurs dans des supercompétitions, garantissant un très haut niveau de jeu et une extrême concentration de talents. Le football-Marvel promet un divertissement fastueux, brillant, permanent, avec un casting de prestige, projeté sur les écrans du monde entier ou presque. Ce spectacle est irrésistible, pas seulement parce qu'il n'a rencontré que des résistances dérisoires. Quelques semaines après les éditoriaux indignés qui fustigeaient la Super Ligue, la presse sportive célébrait avec un enthousiasme béat l'arrivée de Lionel Messi au PSG…

Il impose pourtant une mutation génétique du sport. Le sport, ce sont aussi des matches ennuyeux, des relégations, des fiascos, des déceptions, des traversées du désert, des souffrances pour les supporters, de longues attentes. Ce sont les « cold rainy nights at Stoke » que le commentateur britannique Andy Gray évoqua quand il se prit à douter, en 2015, que Messi puisse reproduire ses performances lors d'un match hivernal au Britannia Stadium de Stoke-on-Trent, suggérant que ce genre de footballeur évolue dans l'écrin luxueux des très riches équipes, c'est-à-dire dans un autre monde. Ce football all-star a en effet pour logique de se refermer sur lui-même, mettant progressivement fin au modèle européen de compétitions ouvertes, pyramidales, produisant un important brassage et permettant toutes sortes d'aventures.

Il y parvient en exploitant l'inaltérable séduction de ce jeu, sa capacité inépuisable à produire des émotions, des récits, des mythologies, du lien social. Un pouvoir qu'aucune compromission ne semble pouvoir diminuer, une séduction qui persiste malgré les trahisons, un spectacle éblouissant au point de rendre aveugle à ses dérives, insensible à ce qui l'abîme. Aussi politisé soit-il, aussi conscient soit-il – s'il ne cède pas à de très tentantes stratégies d'évitement –, le passionné de football est happé par ce spectacle dès que le ballon se met à rouler. Minoritaires sont ceux chez qui la lassitude ou le dégoût finissent par l'emporter, et force est de conclure que ce football est effectivement aliénant : il aliène ses fidèles, et il s'aliène à d'autres intérêts que les siens.

Au terme d'une révolution libérale qui a empoisonné le football en le rendant mortellement séduisant, l'écœurement, la saturation, le désenchantement menacent cependant. Ce football a-t-il déjà gagné la partie, avec ses promoteurs puissants, ses nouveaux publics par centaines de millions dans le monde, ou bien menace-t-il de s'effondrer sur lui-même ? Faute de signes précurseurs d'un sursaut politique, il semble avoir encore quelques décennies de prospérité devant lui. Imaginer malgré tout son effondrement économique permet de rappeler qu'en pareil cas, même avec infiniment moins de fonds, les compétitions ne seraient pas moins prestigieuses, les joueurs pas moins motivés pour conquérir des titres, le spectacle pas moins captivant, les passionnés pas moins fervents. Le football n'a nul besoin de tout cet argent qui se déverse sur lui et qui le corrompt. Et même en cas d'obsolescence, même si la longue page de sa suprématie sur le sport mondial se tourne un jour, ceux qui l'aiment ne l'aimeront pas moins.

NOTES

1 « Tout ce que je sais de plus sûr à propos de la moralité et des obligations des hommes, c'est au football que je le dois. » Synthèse de deux formulations d'Albert Camus : « Car, après beaucoup d'années où le monde m'a offert beaucoup de spectacles, ce que, finalement, je sais de plus sûr sur la morale et les obligations des hommes, c'est au sport que je le dois, c'est au RUA [Racing universitaire algérois] que je l'ai appris », 1953 ; « Vraiment, le peu de morale que je sais, je l'ai appris sur les terrains de football et les scènes de théâtre qui resteront mes vraies universités », 1959.

2 Peu importe que ces propos soient discutés, et que l'entraîneur de Liverpool se soit probablement inspiré de propos antérieurs. Lire Jean-Marie Pottier, « Petite histoire de la plus célèbre citation sur le football », Slate.fr, 31 août 2013.

3 *L'Équipe*, 5 mars 1999.

4 Certains clubs ont toutefois bénéficié du soutien des pouvoirs politiques et économiques, locaux ou nationaux. Les grands clubs sont l'expression de la puissance d'une nation, d'une région ou d'une ville… et souvent de leurs industriels locaux.

5 Fédération internationale de football association. « Gouvernement » mondial du football fondé en 1904, confédération des 211 fédérations nationales membres. Elle organise et administre les compétitions intercontinentales de sélections nationales, en particulier les Coupes du monde masculine et féminine, et de clubs, comme la Coupe du monde des clubs.

6 Union of European Football Associations, ou Union européenne de football association créée en 1954. « Gouvernement » européen du football, confédération des 55 fédérations membres. Elle organise et administre les compétitions continentales de sélections nationales, comme le Championnat d'Europe des nations (Euro), et de clubs, comme la Ligue des champions ou la Ligue Europa. Elle a cinq équivalents continentaux : Concacaf (Amérique du Nord et central), Conmebol (Amérique du Sud), Caf, (Afrique), AFC (Asie) et OFC (Océanie).

7 Données issues des rapports annuels Deloitte (« Annual Rewiew » et « Money League ») et UEFA (« Footballing Landscape »).

8 Bastien Drut, *Mercato. L'économie du football au XXIe siècle*, Bréal, 2019.

9 Rapport « Footballing landscape 2022 ».

10 Ligue de football professionnel, anciennement Groupement des clubs autorisés à utiliser des joueurs professionnels (1946-1969), Groupement du football professionnel (1969-1981) et Ligue nationale de football (1981-2002). Association loi de 1901 exerçant une mission de service public, elle gère, par délégation de la FFF, les

activités du football professionnel masculin en France, dont l'organisation des championnats d'élite de Ligue 1 et Ligue 2.

11 Pourtant, si la Ligue avait misé sur la sécurité et attribué le lot principal à Canal+, l'enveloppe se serait élevée à un milliard d'euros, ce qui aurait constitué un record et une progression de plus de 25 % par rapport au précédent contrat…

12 « Le dossier (vrai) du conflit TV-football », *Le Miroir des sports*, 25 janvier 1965.

13 Jérôme Latta, « Abonnements partout, football nulle part », Arrêt sur images, 23 juin 2021.

14 Jacques Blociszewski, *Le Match de football télévisé*, Apogée, 2007 ; *Comment la télévision a asservi le football*, Librinova, 2022.

15 *Ibid.*, p. 52 et 65.

16 *Ibid.*, p. 62.

17 Jonathan Liew, « Premier League's spending bubble offers only cheap thrills in winter of disconnect », *The Guardian*, 2 février 2023.

18 Il faudra presque trente ans pour que la vérité soit définitivement reconnue : la responsabilité du drame n'incombe pas aux supporters de Liverpool, ignoblement accusés sur le moment, mais à la vétusté du stade, à l'incompétence des organisateurs et des forces de police.

19 Opération par laquelle une marque ou une entreprise donne son nom pour une durée déterminée à une enceinte sportive contre rémunération.

20 Raffaele Poli, Loïc Ravenel et Roger Besson, « Analyse financière des transferts des clubs du big-5 », CIES, septembre 2022.

21 Rapport Deloitte « Money League 2023 ».

22 Canal+, février 2007.

23 Luc Arrondel et Richard Duhautois, *L'Argent du football. Vol. 1 – L'Europe*, Rue d'Ulm / Cepremap 2022, p. 51.

24 Le RB Leipzig et le TSG Hoffenheim bénéficient d'exemptions, le premier grâce à un artifice capitalistique, l'autre en raison de l'ancienneté des investissements de son mécène.

25 « Un professionnalisme inachevé. Deux états du champ du football professionnel en France, 1963-1993 », Actes de la recherche en sciences sociales n° 103, 1994.

26 Bastien Drut, *op.cit*, p. 22 et 29.

27 Sport.es, 7 mars 2015.

28 Au mépris de règles déontologiques élémentaires, de nombreux journalistes, à l'instar des influenceurs, sont les « ambassadeurs » rémunérés d'opérateurs de paris sportifs. Lire « Journalisme de sport, journaliste à sponsors » et « Le journalisme sportif, zone de non-déontologie », arretsurimages.net, 24 et 26 juin 2019.

29 « Sweat not oil. Why sports should drop advertising and sponsorship from high-carbon polluters », New Weather Institute, KR Foundation, Rapid Transition Alliance, Possible, mars 2021.

30 Citons: Allianz Arena (Bayern Munich), Mercedez-Benz Stadion (VfB Stuttgart), Veltins Arena (Schalke 04), Opel Arena (FSV Mayence), AOL Stadion (HSV Hambourg), Volkswagen Arena (Wolfsburg), Matmut Atlantique (Girondins de Bordeaux), Orange Vélodrome (OM), Groupama Stadium (OL), Allianz Riviera (OGC Nice), Emirates Stadium (Arsenal), Etihad Stadium (Manchester City), King Power Stadium (Leicester City), Wanda Metropolitano (Atlético Madrid), Allianz Stadium (Juventus Turin), Dacia Arena (Udinese).

31 Jérôme Latta, « Le stade de Nice, une farce coûteuse aux dépens de la Ville », Une Balle dans le pied, lemonde.fr, 10 juillet 2015.

32 Système de tarification différenciée ayant pour objectif l'optimisation du remplissage et de la marge bénéficiaire, pratiqué dans le secteur de l'hôtellerie et du transport.

33 « Football is the next big thing for hedge funds and private equity », Bloomberg, 28 septembre 2021, cité par Luc Arrondel et Richard Duhautois, *op. cit.*, p. 88.

34 Au moment de la vente, Abramovitch doit consentir à un abandon de créances de 1,8 milliard d'euros.

35 Bastien Drut, *op. cit.*, p. 109.

36 *Ibid.*, p. 107.

37 Luc Arrondel et Richard Duhautois, *op. cit.*, p. 87.

38 *The Athletic*, 29 décembre 2022.

39 Expression trompeuse : plusieurs de ces clubs dits « historiques » ne l'étaient pas plus, au début de l'ère libérale, que bien d'autres qui n'ont pas accédé à la caste supérieure. Voir Jérôme Latta, « C'est quoi, un "club historique" ? », Une Balle dans le pied, lemonde.fr, 18 mars 2022.

40 Les révélations des « Football Leaks » (novembre 2018) ont dévoilé les arrangements négociés avec l'UEFA pour limiter les sanctions financières. Manchester City a victorieusement contesté en 2020 sa suspension des compétitions européennes devant le Tribunal arbitral du sport. Début 2023, la Premier League annonçait toutefois que le club était poursuivi pour plus d'une centaine d'infractions aux règles financières : contrats surévalués, rémunérations déguisées, présentation comptable trompeuse, documents non communiqués, etc.

41 « L'inquiétant développement de la multipropriété de clubs », *L'Humanité*, 7 septembre 2022.

42 Luc Arrondel et Richard Duhautois, *op. cit.*, p. 66.

43 *L'Équipe*, 21 mai 2023.

44 Bastien Drut, *op. cit.*, p. 155 et 68.

45 Ils prennent la suite du sociologue Richard Giulianotti (*A sociology of the global game*, 1999), qui définit une « période traditionnelle » (jusqu'à la Première Guerre mondiale, une « modernité

précoce » (entre-deux-guerres), une « modernité tardive » (jusqu'aux années 1980), et une « postmodernité » (après l'arrêt Bosman).

46 Manuel Schotté, *La Valeur du footballeur*, CNRS Éditions, 2022, p. 228.

47 Les arrêts Walrave (1974) et Dona (1976) avaient déjà établi l'illégalité des règlements restreignant la mobilité des sportifs professionnels, sans conséquences concrètes.

48 Andrea Manzella, « La dérégulation du football par l'Europe », *Pouvoirs*, vol. 101, n° 2, 2002.

49 Antoine Duval, « The FIFA Regulations on the Status and Transfer of Players: Transnational Law-Making in the Shadow of Bosman », Asser Institute, avril 2016.

50 Daniel Cohen, « Les joueurs gagnent des fortunes, mais les finances des clubs sont mauvaises : le paradoxe du foot », *L'Obs*, 4 juin 2018.

51 *Le Monde*, 4 août 2017.

52 Julien Bertrand, *La Fabrique des footballeurs*, La Dispute, 2012). À lire également : Frédéric Rasera, *Des footballeurs au travail. Au cœur d'un club professionnel*, Agone, 2016 et Hugo Juskowiak *Un pour mille. L'incertitude de la formation au métier de footballeur professionnel*, Artois presse université, 2019.

53 *Gazzetta dello Sport*, 29 janvier 2015.

54 Didier Demazière et Morgan Jouvenet, « Quel est le prix d'un footballeur ? », ENS éditions, 2014, cité par Manuel Schotté, *op. cit*, p. 249.

55 Cette option est devenue plus courante pour les meilleurs joueurs, peu susceptibles de perdre toute valeur sportive en cas de blessure. En 2022, Kylian Mbappé, libre et en position de force, était assuré de toucher un pactole, qu'il choisisse de rester au PSG ou de rejoindre le Real Madrid. En pareil cas, le joueur capte les montants élevés qui auraient été échangés entre les deux clubs.

56 En juin 2004, Philippe Mexès avait rompu unilatéralement son contrat avec l'AJ Auxerre, qui souhaitait le transférer à Liverpool, mieux-disant, pour signer à l'AS Roma. La Roma avait écopé d'une interdiction de recruter et le joueur de six semaines de suspension, avant que le Tribunal arbitral du sport ne fixe, en décembre 2005, une indemnité de transfert à hauteur de 7 millions d'euros.

57 « We must stop world's richest clubs buying all the best players », The Telegraph, 22 janvier 2018, cité par Bastien Drut.

58 Voir Alex Duff et Tariq Panja, *Football's Secret Trade. How the player transfer market was infiltrated*, Bloomberg, 2017.

59 Voir Maxence Franceschi, Jean-François Brocart, Florian Follert, Jean-Jacques Gouguet, « Determinants of football players' valuation: A systematic review », *Journal of economic surveys*, février 2023.

60 *Op. cit.*, p. 250.

61 *Marca*, 4 juillet 2009.
62 Manuel Schotté, *op. cit.*, p. 213.
63 Manuel Schotté, *op. cit.*, p. 263.
64 Manuel Schotté, *op. cit.*, p. 257.
65 Jean-Claude Darmon : « Il faut en finir avec la lutte des classes dans le football », *Le Monde*, 30 juillet 2000.
66 *L'Humanité*, 7 avril 1999.
67 AFP, mars 2000 ; *Le Monde*, mars 2000*; France Football, décembre 2002* ; *Le Parisien*, mai 2003.
68 Fédération française de football, association chargée de l'organisation de la pratique du football, créée en 1919. Placée sous la tutelle du ministère des Sports mais bénéficiant d'une autonomie envers le pouvoir politique exigée par la FIFA, elle organise toutes les compétitions amateurs et la Coupe de France, ainsi que le championnat professionnel féminin.
69 *L'Équipe*, 13 mars 2003 et 20 septembre 2002
70 *France Football*, 18 juillet 2006.
71 La chronique du football professionnel français sera émaillée de schismes au sein de la Ligue et de l'Union des clubs professionnels français (UCPF). Plusieurs syndicats dissidents seront lancés, comme Football avenir promotion (FAP) en 2007 ou Première ligue en 2015.
72 Audition par la commission de la culture, de l'éducation et de la communication du Sénat, 8 décembre 2021.
73 « Pierre Maes : "L'arrivée de CVC en France risque de réduire la solidarité entre les clubs" », *So Foot*, 30 août 2022.
74 « De fait, la Ligue des champions est une ligue fermée », Une Balle dans le pied, lemonde.fr, 23 novembre 2010.
75 Voir Pierre Didier, « Platini, tes petits ont-ils grandi ? », cahiersdufootball.net, 9 décembre 2012.
76 Yann Philippin, « Un cartel secret des plus gros clubs européens a plumé le foot français », Mediapart, 3 novembre 2018. L'e-mail datait de janvier 2016.
77 Jérôme Latta, « La Ligue des champions, riche à crever », Une Balle dans le pied, lemonde.fr, 21 septembre 2011.
78 Stefan Szymanski, *Money and Soccer*, Nation Books, 2015, cité par Arrondel et Duhautois, *op. cit.*, p. 145.
79 L'expression est de l'économiste Tomislav Globan.
80 *Le Monde*, mars 2000.
81 Jérôme Latta, « Les clubs riches se payent en Euro », Une Balle dans le pied, lemonde.fr, 2 octobre 2012.
82 UEFA, *The European Club Footballing Landscape*, rapport financier annuel 2016.
83 Bastien Drut, « III. Des recettes très dépendantes des résultats sportifs », *Économie du football professionnel*, La Découverte, 2014, p. 47-67.

84 Luc Arrondel et Richard Duhautois, *op. cit.*, p 181.
85 Luc Arrondel et Richard Duhautois, *op. cit.*, p. 110.
86 AFP, 5 mars 2020.
87 La *draft* est un système qui accorde aux équipes les moins bien classées les premiers choix de jeunes joueurs issus du circuit universitaire ou d'autres ligues. Le *salary cap* plafonne la masse salariale. Leur objectif est d'assurer l'équilibre compétitif des ligues en évitant que certaines franchises s'arrogent un avantage par leurs investissements.
88 « Investoren wollten mit der Super League 6,1 Milliarden Euro verdienen », *Der Spiegel*, 23 avril 2021.
89 « Super Ligue : le double jeu troublant du président de la FIFA suscite des interrogations chez les opposants au projet », Le Monde, 23 avril 2021.
90 Radio Cadena Ser, 21 avril 2021.
91 *Ibid.*
92 Pour Andrea Agnelli, son homologue de la Juventus, il s'agissait de « proposer aux supporters et aux amateurs des matchs de très grande qualité, ce qui alimentera leur passion pour le football. » Communiqué de la Super League, 18 avril 2021.
93 Raffaele Poli, Loïc Ravenel et Roger Besson, « Équilibre compétitif : comparaison spatio-temporelle », CIES, décembre 2018.
94 Bastien Drut, *in* Jérôme Latta, « Super Ligue de football : le hold-up tourne mal », Mediapart, 20 avril 2021.
95 Luc Arrondel et Richard Duhautois, *op. cit.*, p. 111.
96 Jérôme Latta, « En championnat, les clubs riches s'évadent par le haut », Une Balle dans le pied, lemonde.fr, 13 juin 2023.
97 Luc Arrondel et Richard Duhautois, *op. cit.*, p. 266.
98 Stephan Birkhäuser, Christoph Kaserer et Daniel Urban, « Did UEFA's Financial Fair Play Harm Competition in European Soccer Leagues? », Technische Universität München, 2016.
99 Raffaele Poli, Loïc Ravenel et Roger Besson, « L'économie des transferts du big-5 : dernière décennie et post-pandémie », CIES, septembre 2021.
100 « Le fair-play financier en petite forme après sa défaite contre Manchester City », *Le Monde*, 13 juillet 2020.
101 On a simplement pu tiquer devant le prédécesseur de la compagnie aérienne, le groupe Accor (de 2019 à 2022) dont le Qatar est actionnaire à hauteur de 10,44 %, présidé par l'ancien président du PSG Sébastien Bazin lorsqu'il était la propriété du fonds américain Colony Capital (de 2006 à 2011), groupe Accor dont Nicolas Sarkozy est administrateur – l'ancien maire de Neuilly ayant joué les intermédiaires dans la vente du club au Qatar.
102 Euradio, 11 décembre 2020.
103 Antoine Duval, « UEFA-Europe : l'armistice vingt ans après Bosman », cahiersdufootball.net, 29 octobre 2014.

104 Antoine Duval, « Dérives financières du football : Bosman innocent, l'Europe aussi », cahiersdufootball.net, 6 mai 2014.
105 *Ibid.*
106 Congrès de la FIFA, 16 mars 2023.
107 Manuel Schotté, *op. cit.*, p. 95.
108 *Libération*, 14 mars 2023.
109 Jérôme Latta, « Les sports, ministère non prioritaire », Une Balle dans le pied, lemonde.fr, 9 juillet 2020.
110 *L'Équipe Magazine*, octobre 1997.
111 Didier Braun, « Que le "meilleur" gagne », *L'Équipe*, 24 septembre 2002.
112 « Sport et journalisme : je t'aime moi non plus », Contre-pied, lemonde.fr, 23 juin 2020.
113 Sur le sujet, lire Karim Souanef, *Le Journalisme sportif. Sociologie d'une spécialité dominée*, Presses universitaires de Rennes, 2019.
114 Jérôme Latta, « Journalisme de sport, journalisme à sponsors », Arrêt sur images, 24 juin 2019.
115 Xavier de la Porte, « Être (bien) payé pour parler foot », revue *Mouvements* n° 78, été 2014/2, p. 130, La Découverte, 2014.
116 Jérôme Latta, « L'Embarrassant héritage du talk-show à la Saccomano », Arrêt sur images, 8 octobre 2019, et « Polémiste et réac, la deuxième vue du journaliste sportif », Arrêt sur images, 28 mars 2022.
117 Stéphane Beaud, « Derrière la condamnation des footballeurs de l'équipe de France, un "racisme de classe" ? », *Informations sociales*, vol. 187, 2015, p. 110-117.
118 C'est le cas de beaucoup d'économistes du sport, de surcroît placés dans une position ambivalente : leur marché du travail, en dehors du champ académique, les met souvent en position de prestataires (de compétences, de services, d'études) pour les acteurs de l'industrie du sport.
119 Antoine Dumini et François Ruffin (dir.), *Comment ils nous ont volé le football. La mondialisation racontée par le ballon*, Fakir Éditions, 2014 ; Christoph Biermann, *Um jeden Preis. Die wahre Geschichte des modernen Fussballs von 1992 bis Heute*, Kiepenheuer & Witsch 2022.
120 Ludovic Lestrelin, *op. cit.*, p. 97, 102 et 104.
121 Les *Fans Projekte*, initialement conçus comme des moyens de lutte contre le hooliganisme, associent les clubs, les collectivités locales, les associations, les travailleurs sociaux et les pouvoirs publics (dont les forces de police) dans une gestion collégiale. Ils favorisent l'enracinement des clubs dans leur territoire et leur tissu social.
122 « L'ambiance ainsi construite bénévolement par les ultras est au fondement de la réputation de certains stades et constitue

un atout marketing largement exploité. » « Ils se caractérisent par une sophistication croissante de leurs performances de soutien qui suit la hausse de la couverture télévisuelle de ce sport à partir des années 1980, au point qu'ils participent désormais pleinement [...] à la production du spectacle. » Ludovic Lestrelin, *op. cit.*, p. 50 et 57.

123 Richard Giulianotti, « Supporters, Followers, Fans, and Flaneurs: A Taxonomy of Spectator Identities in Football », *Journal of Sport and Social Issues*, 2002.

124 Ludovic Lestrelin, *op. cit.*, p 102.

125 Pierre Rondeau, *Fin de partie pour le foot?*, L'Aube, 2021.

126 « À la recherche de l'équilibre », 5 mai 2023.

127 Jérôme Latta, « La Peur du vide », Une Balle dans le pied, lemonde.fr, 8 janvier 2016.

128 « Drame de Hillsborough : 25 ans de ménage dans les stades anglais », *L'Obs*, 28 novembre 2016.

129 Lire Manuel Schotté, « Des clubs inscrits au carrefour d'intérêts politiques et économiques », *op. cit.*, p. 113.

130 Philippe Broussard, « PSG : les ultras du club annoncent qu'ils ne se rendront plus au Parc des Princes "jusqu'à nouvel ordre" », 10 mai 2023.

131 Ludovic Lestrelin, *op. cit.*, p. 97.

132 Ludovic Lestrelin, *op. cit.*, p. 97 et 100.

133 Ludovic Lestrelin, *op. cit.*, p. 109.

134 « Quand Ubu rencontre Kafka, ou la justice jusqu'à l'absurde », cahiersdufootball.net, 29 avril 2014.

135 Nicolas Hourcade, « Les politiques de gestion des supporters de football en France : de la "tolérance zéro" à une articulation entre répression et prévention ? », *Archives de politique criminelle*, n° 42, 2020.

136 Nicolas Hourcade, « Principes et problèmes de la politique de lutte contre le hooliganisme en France », *Archives de politique criminelle*, vol. 32, 2010.

137 Marie-George Buffet et Sacha Houlié, *Rapport d'information sur les interdictions de stade et le supportérisme*, Assemblée Nationale, 22 mai 2020.

138 « Le Brésil, faites un effort pendant un mois, calmez-vous ! Rendez hommage à cette belle Coupe du monde. On a été au Brésil pour leur faire plaisir. [...] Eh bien, les Brésiliens, il faut qu'ils se mettent dans l'idée de recevoir les touristes du monde entier et que, pendant un mois, ils fassent la trêve. Pas des confiseurs, mais qu'ils fassent une trêve. Il faut dire aux Brésiliens qu'ils ont la Coupe du monde et qu'ils sont là pour montrer la beauté de leur pays et leur passion pour leur football. » RMC Sport, 25 avril 2014.

139 ESPN, 14 mars 2014.

140 Groupe d'action financière (GAFI, groupe intergouvernemental européen) 2009.

141 Fabrice Arfi et Yann Philippin, « Les nouvelles liaisons dangereuses de Sarkozy avec le Qatar », Mediapart, 27 septembre 2022.

142 *Haaretz*, 18 novembre 2005.

143 Éric Zemmour, *Le Suicide français*, Albin Michel, 2014.

144 Jérôme Latta, « L'équipe de France dans le piège identitaire », Une Balle dans le pied, lemonde.fr, 2 juin 2016.

145 Stéphane Beaud, *Traîtres à la nation ? Un autre regard sur la grève des Bleus en Afrique du Sud*, La Découverte, 2011, et *Affreux, riches et méchants ? Un autre regard sur les Bleus*, La Découverte, 2014.

146 Stéphane Beaud, *op. cit.*

147 Jérôme Latta, « De quoi Benzema est-il le symptôme ? », 2 décembre 2015.

148 Voir Nicolas Kssis-Martov, *FSGT. Du sport rouge au sport populaire*, La Ville brûle, 2014.

149 Mickaël Correia, *Une histoire populaire du football*, La Découverte, 2018 et 2020 ; dialectik-football.info.

150 « Raffaele Poli : "Il faut mettre les inégalités au centre du débat politique dans le football" », cahiersdufootball.net, 11 septembre 2017.

151 Plusieurs de ces mesures ont été présentées par Loïc Ravenel, Bastien Drut et Christophe Lepetit : « Quatre réformes pour sauver le football », la revue des *Cahiers du football* n° 5, janvier 2021.

152 *Ibid.*

DANS LA MÊME COLLECTION

Habiter contre la métropole, Conseil nocturne
Capitalisme carcéral, Jackie Wang
Fragmenter le monde, Josep Rafanell i Orra
Dark Deleuze, Andrew Culp
Par-delà les frontières du corps, Silvia Federici
Hegel après Occupy, Mikkel Bolt Rasmussen
Tout le monde peut être féministe, bell hooks
Contre la révolution politique, Nicola Massimo de Feo
« Alternatives » à la prison, Michel Foucault
La Magie planétaire, Alf Hornborg
Radiations et révolution, Sabu Kohso
Internet, année zéro, Jonathan Bourguignon
La Puissance féministe, Verónica Gago
La Question de la technique en Chine, Yuk Hui
La Diagonale de la rage, Michel Kokoreff
Héritage et fermeture, Emmanuel Bonnet, Diego Landivar et Alexandre Monnin
Le monstre est parmi nous, Mike Davis
Défaire la police, Jérôme Baschet, Elsa Dorlin, Irene, Guy Lerouge, Collectif Matsuda, Serge Quadruppani
La Volonté de changer, bell hooks
Le Consumérisme à travers ses objets, Jeanne Guien
Noirceur, Norman Ajari
Corset de papier, Lucie Barette
Révoltes animales, Fahim Amir
Hilaria, Irene
L'Automatisation et le Futur du travail, Aaron Benanav
À bout de flux, Fanny Lopez
À propos d'amour, bell hooks
Le Pouvoir de l'ombre, Philippe Münch
À Arles, Collectif Othon
Une histoire des produits menstruels, Jeanne Guien

Perspectives low-tech, Quentin Mateus et Gauthier Roussilhe
Politiser le renoncement, Alexandre Monnin
Une histoire personnelle de l'ultragauche, Serge Quadruppani
Des femmes et du style, Azélie Fayolle
No crypto, Nastasia Hadjadji
Appel, Anonymes
Théories féministes voyageuses, Mara Montanaro
Petit traité de cosmoanarchisme, Josep Rafanell i Orra